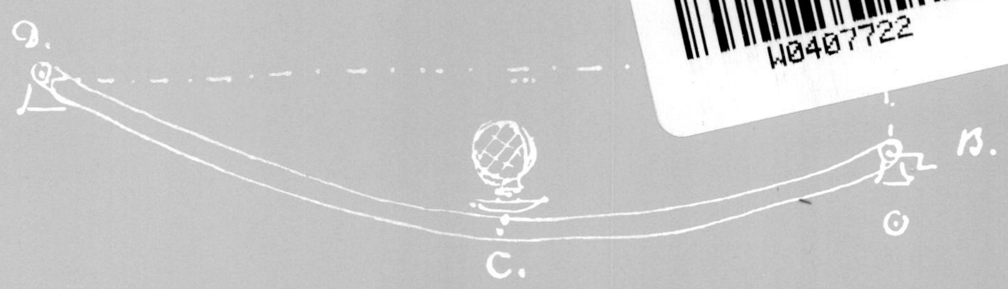
a.
B.
C.

Jean Louis Schlim

Ludwigs Traum vom Fliegen

31/07/95

Lieber Michael!

... Das Buch zum Thema ...

... Du weißt, daß "der" in diesem Schloss verrückt geworden ist?

Mu [illegible]

Jean Louis Schlim

Ludwigs Traum vom Fliegen

... und andere bayerische Flugphantasien

AVIATIC VERLAG

Danksagung

Der Autor dankt allen, die zur Veröffentlichung dieses Buches beigetragen haben, ganz besonders dem Hause Wittelsbach, dem Deutschen Museum und Frau Julia Iliu, deren Sammlungen zur Auswertung zur Verfügung gestellt wurden.

Schutzumschlag

vorne:
Reproduktion einer Chromo-Lithographie König Ludwigs II., um 1870;
Skizze aus dem Gutachten zum Ballonprojekt, 1869.

hinten:
Statue König Ludwigs II. im Flughafen München;
Medaille mit seifenblasendem Putto, 19. Jahrhundert.

ISBN 3-925505-31-8

1. Auflage

Buchgestaltung: Grafik Design Rottiers, Pliezhausen
Gesamtherstellung: Bosch-Druck, Landshut

Der Autor

Jean Louis Schlim,
geboren 1952 in Luxemburg,
lebt seit 1977 in Bayern
und ist Archivar
der Unternehmensgruppe TÜV Bayern.

Publikationen:

Ludwig II. und die Technik,
  Katalog und Ausstellung, München 1986
Ingenieurbaukunst im Königreich Bayern,
  Katalog und Ausstellung, München 1988

Beiträge in Fachzeitschriften:

Berta Morena, zum 30. Todestag
  Blätter der Bayerischen Staatsoper II/1982
Ohne TÜV kein Göttereinzug nach Walhall
  Blätter der Bayerischen Staatsoper, 5/1989
Keine lachendere und schönere Aussicht
Frühe Flugversuche und Ballonfahrten in Bayern und München (Co-Beitrag Julia Iliu)
  Kultur & Technik 2/1991
Mit einem Pfauenwagen über die Alpen fliegen
Das Seilbahn-Flugprojekt König Ludwig II.
  Charivari 7–8/1991
Otto I., der vergessene König auf Bayerns Thron.
  Charivari 10/1991
Sophie Charlotte, ein Lebensweg zwischen Leidenschaft und Resignation.
  Charivari 11/1992
Schloß Hohenburg, die einstige Residenz des Hauses Luxemburg in Bayern.
  Charivari 10/1993
Holzwege in die Eisenzeit, die Herkunft der Ingenieurbaukunst aus Holzfachwerken.
  Kultur & Technik 1/1994
Brücken auf Zeit, Ingenieurbaukunst im Königreich Bayern: Die Eisenbrücken des 19. Jahrhunderts
  Kultur & Technik 2/1994
Die Suche nach dem blaueren Blau
in Gregor M. Schmidt: Königsträume, das Bayern Ludwig II.
  Nymphenburger, München 1994

Meinen Eltern

Schloß Hohenschwangau, Ausgangspunkt der von Ludwig II. geplanten Ballonseilbahn.

Inhalt

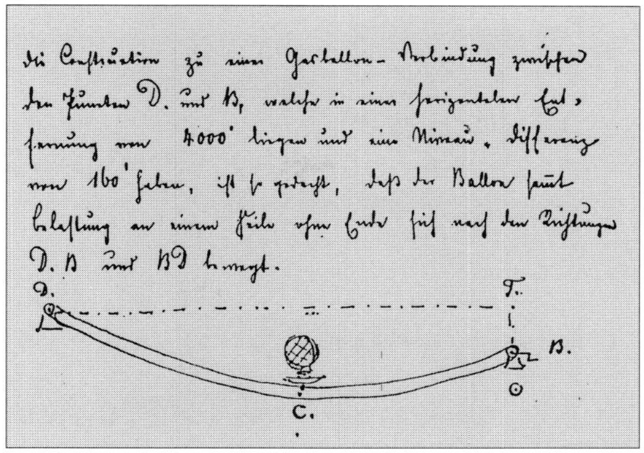

Skizze der Ballonseilbahn aus dem detaillierten Gutachten zu diesem Projekt.

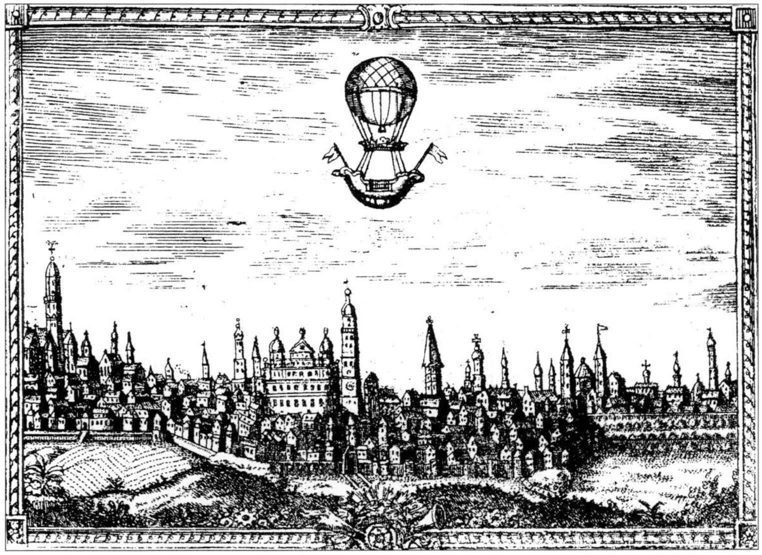

Ballonaufstieg des Freiherrn von Lütgendorf in Augsburg 1786.

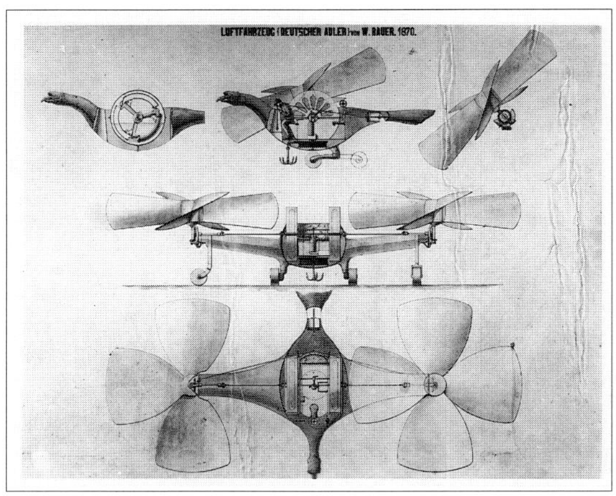

Wilhelm Bauers futuristisches Flugzeugprojekt aus dem Jahr 1870.

Grußwort

Seit der Antike beflügelt der Traum vom Fliegen die Phantasie der Menschen. Die Ahnengalerie der Luftfahrt, die vom mythologischen „Überflieger" Ikarus bis hin zu den Gebrüdern Wright reicht, ist mit Legionen von Baumeistern und Erfindern aus den verschiedensten Epochen der Menschheitsgeschichte bevölkert. Von ihren Zeitgenossen oft genug verspottet oder gar für verrückt erklärt, haben diese unermüdlichen Pioniere in immer wieder neuen Anläufen versucht, alle verfügbaren Erkenntnisse ihrer Zeit zu nutzen, um dem Menschen einen Weg in die neue Dimension zu ebnen.

Der Bayerische „Märchenkönig" Ludwig II. lebte an der Schwelle des anbrechenden Zeitalters der Luftfahrt. Daß dieser außergewöhnlich sensible Monarch, dessen steingewordene Träume in Neuschwanstein heute noch Millionen von Touristen anziehen, sich auch für die Vision des Fliegens begeisterte, kann nicht überraschen. Wie das vorliegende Werk anschaulich darlegt, lag die Initialzündung der Fliegerei in der zweiten Hälfte des 19. Jahrhunderts buchstäblich in der Luft.

Mit welcher Kreativität und Ausdauer Ludwigs Zeitgenossen in Bayern an der Entwicklung von Ballons und Flugmaschinen arbeiteten, wird in diesem sorgfältig recherchierten Buch zur Luftfahrtsgeschichte eindrucksvoll belegt. Auch wenn den leidenschaftlichen Tüftlern letztlich der Erfolg versagt blieb, haben ihre Erfindungen und Experimente doch wichtige Erkenntnisse über die Möglichkeiten und Grenzen der Fliegerei zutage gefördert. So betrachtet stehen Friedrich Brandt, Gustav Koch und all die anderen namhaften und namenlosen Wegbereiter der Luftfahrt in einer Reihe mit den großen Vordenkern und Aufklärern des vergangenen Jahrhunderts.

Für König Ludwig ist der Traum vom Fliegen ein Traum geblieben. Im Herzen des Münchner Flughafens träumt er diesen Traum noch heute. Die lebensgroße Aluminiumplastik des Bayernkönigs steht im Zentralbereich des Flughafens. Die Tuchfühlung mit dem Luftverkehr, die dem echten Ludwig verwehrt blieb, ist seiner Nachbildung gewährt worden: Der Münchner Künstler Karl Schlamminger hat der Plastik des Märchenkönigs ein Flugzeug in die rechte Hand gelegt.

Willi Hermsen
Hauptgeschäftsführer der
Flughafen München GmbH

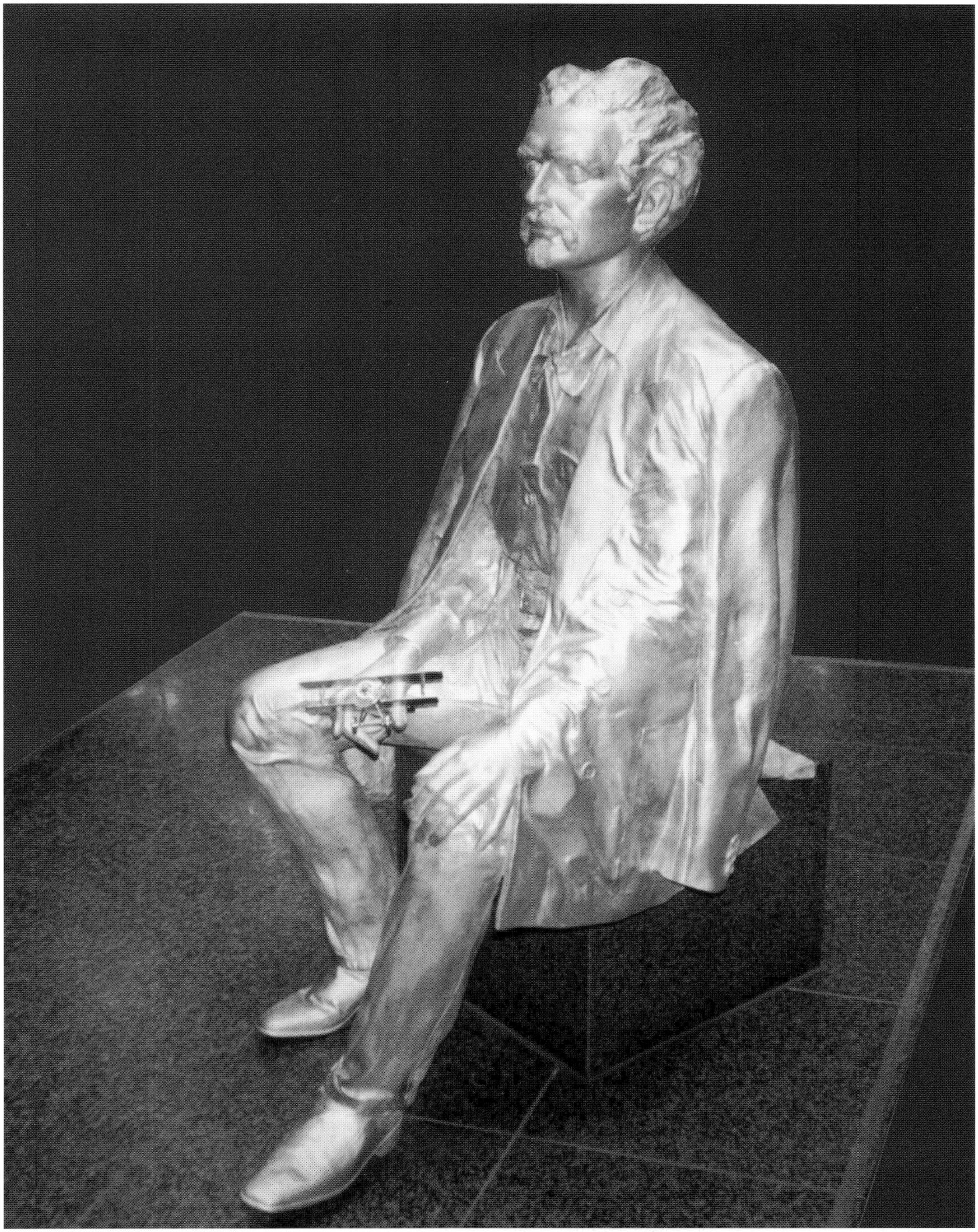

Ludwig II. mit Flugzeugmodell; Aluminiumguß-Statue im Flughafen München.

König Ludwig II. von Bayern um 1869, zur Zeit seines Ballonprojekts für Hohenschwangau.

Mit einem Pfauenwagen über den Alpsee fliegen

Der Bayernkönig Ludwig II. ist zur Legende geworden. Sein Leben ist noch heute, ein Jahrhundert nach seinem rätselhaften Tod im Starnberger See, ein Faszinosum: Er hat Richard Wagner entdeckt und gefördert, phantastische Schlösser gebaut und – sogar eine Flugmaschine wollte er haben. Nicht zuletzt deshalb wurde er für geisteskrank erklärt.

König Ludwig II. lebte in zwei Welten. Als Bayerns Herrscher wurde er mit schwierigen politischen Umbrüchen konfrontiert und mußte 1870 sein angestammtes Königreich in das Deutsche Reich eingliedern. Dieser Verlust bayerischer Selbständigkeit, aber auch seine Sensibilität führten immer mehr dazu, daß er sich aus der realen politischen Welt zurückzog und in der Kunst, in seiner überbordenden Bauleidenschaft und in der Einsamkeit der Berge Zuflucht suchte.

Aber es gibt noch eine andere, bisher wenig beachtete Seite im Leben dieses Königs: Ludwig II. interessierte sich außerordentlich für die neuen, revolutionären Technologien, die in der zweiten Hälfte des 19. Jahrhunderts in Bayern das industrielle Zeitalter markierten. Er setzte die Eisen- und Glasarchitektur für seine Bauten ein, benutzte die Dampfkraft, Elektrizität und das Telefon – und er war fasziniert von der Idee des Fliegens.

Allerdings: Dieser Traum vom Fliegen wurde König Ludwig II. im psychiatrischen Gutachten des Nervenarztes Dr. Bernhard von Gudden als Beweis seiner Geisteskrankheit zur Last gelegt. So wurde sein Wunsch, „eine Flugmaschine zu Fahrten über den Alpsee bei Hohenschwangau anzufertigen“ als Indiz für des Königs „überwuchernde und die Schranken der Wirklichkeit und Möglichkeit ganz außer acht lassender Phantasie“ abqualifiziert. Wie dies alles begann, ist folgendem Briefwechsel zwischen Ludwig und seinem Maschinenmeister Friedrich Brandt zu entnehmen.

Vielgeliebter Friedrich!
Von dem wilden, romantischen Rißthale bin ich hierher gezogen auf meinen lieben Linderhof, dessen Ruhe mir so wohl tut, wo ich mich mit erneutem Eifer auf meine Bücher werfen will … Hast Du mit Düfflipp gesprochen? Über jenes Unternehmen (Hohenschwangau u. Luftfahrt) Dich klar gemacht? Komme, komme ich beschwöre Dich bei allem was Dir heilig ist. Bitte nimm von Deinen Lieblingsbüchern mit, wie innig freue ich mich darauf, die Fragen, die uns beide in so hohem Maße interessieren endlich eingehender, als bis jetzt möglich war, zu besprechen …

O reiße Dich los aus der Theaterwelt, gehe nicht unter in seinem wüsten Treiben, schütze irgendeine nothwendige Sache vor (das geht, wolle nur) u. bleibe nicht unter 3 Wochen in Hohenschwangau, etwa vom 15. November an …

Wenn, was mir sehr, sehr unlieb wäre, unser durch Gas zu treibender Luftwagen bis zum (im) November nicht fertig zu bringen ist, worüber Du mittlerweile Aufschluß erhalten haben wirst, so bitte ich Dich dringend sogleich u. ohne das geringste Säumen den nur zum Ansehen, nicht für

Ludwig II. im Arbeitszimmer seines Schlosses Berg, zeitgenössische Heliogravure nach H. Brehling.

Menschen bestimmten Pfauenwagen zu bestellen, dieser kann leicht in sehr kurzer Zeit vollendet werden, wenn es mit Gas durchaus nicht gehen sollte so können wir ihn mittels Drähten fliegen lassen. – Bestelle ihn ohne das geringste Aufsehen zu erregen, aber schleunigst, ich bitte Dich! Der practicable wäre mir natürlich viel lieber, o lasse kein Mittel unversucht …

Nun lebe wohl, theuerster der Menschen, auf baldiges, fröhliches Wiedersehen. In inniger Liebe u. Freundschaft. Dein bis in den Tod getreuer Ludwig

Linderhof, 5. Nov. 1869

Die Antwort, die Ludwig unmittelbar auf diese Zeilen erhält, muß ihn aber sehr enttäuscht haben, denn am 9. November ergeht ein erneutes Schreiben aus Linderhof:

„Mein theurer Friedrich,

empfange meinen herzlichen Dank für Deinen lieben Brief und die darin enthaltenen beruhigenden Aussichten auf baldige Herstellung des so sehr von mir gewünschten Pfauen-Wagen. Du schreibst vom Wiedersehen, als ob dies gerade so gut im nächsten wie in diesem Jahr stattfinden könnte, kein Wort über Hohenschwangau und über die versprochene Unterredung mit Hofrath Düfflipp

Ludwig II. mit seinen Eltern, König Maximilian II. und Königin Marie.

… dann sage es lieber gerade heraus (wenn es mir auch noch so leid ist, daß Du nicht zu kommen Lust hast, statt mir die frohe Hoffnung des baldigen Wiedersehens zu lassen, die nicht in Erfüllung gehen soll … lebe wohl mein geliebter Friedrich."

Die nun folgende Antwort, wenige Tage später, kann Ludwig beruhigen:

„… Deinem Wunsch bezüglich des Pfauenwagens, welchen mir Herr Hofrath mitteilte, ist glücklicherweise noch Zeit nachzukommen; und es ist gerade in dieser Sache unumgänglich notwendig, nach Hohenschwangau zu kommen: da ich die beiden Endplätze des Fluges wissen muß, um die Befestigungen der Wellen angeben zu können. Du wirst genötigt sein, Dich noch etwas zu gedulden, denn ich kann Dir versichern, es ist keine so leichte Sache und erfordern die Schwierigkeiten, die sich bieten, viel Mühe und Zeit. Ich spreche hier nur von dem Fluge des Ballons zum Ansehen, denn daraus ist erst zu sehen, ob die Ausführung eines Flugwagens für Personen auf größere Entfernungen zu den technischen Möglichkeiten gehört …"

Der 23jährige Maschinenmeister Friedrich Brandt war seit einem Jahr mit der „technisch-artistischen Leitung" der neu eingerichteten Bühne des Münchner Hoftheaters betraut.

Fritz Brandt, wie er genannt wurde, stammte aus Darmstadt und hatte nach seiner Vorbildung auf dem dortigen Polytechnikum den Beruf des Bühnentechnikers gewählt, ein Beruf, den schon sein Vater Friedrich und sein Stiefbruder Karl ausübten. Bereits mit 18 Jahren hatte er die Bühne des neu erbauten Wallnertheaters in Berlin eingerichtet. 1865 löste er die gleiche Aufgabe am Gärtnerplatztheater in München, wo er drei Jahre blieb.

Seine Leistungen erweckten die Aufmerksamkeit des um ein Jahr älteren Königs, der ihn dann 1868 an das Hoftheater holte. Da auch Ludwig an technischen Fragen nicht uninteressiert war, reifte allmählich eine echte Freundschaft zwischen den beiden, eine Freundschaft, die bis zu Ludwigs Tode halten sollte, wenn auch die Beziehungen zueinander Ende der siebziger Jahre etwas lockerer wurden. Fritz Brandt war es auch, der die Separatvorstellungen für den König technisch überwachte und sie zu szenischen Prunkstücken werden ließ.

Friedrich Brandt, Maschinenmeister am Münchner Hoftheater, um 1869.

Im Sommer 1869 reifte in Ludwig der Wunsch, sich in Hohenschwangau ein Fluggerät bauen zu lassen. Zwei Jahre zuvor hatte er zusammen mit seinem Großvater die Pariser Weltausstellung besucht, was mit Sicherheit seine Technikbegeisterung beflügelte.

In Frankreich wird er wohl auch von den über ein Jahrzehnt zurückliegenden und in der Fachwelt immer noch kommentierten Versuchen lenkbarer Ballonfahrt des Henri Giffard gehört haben.

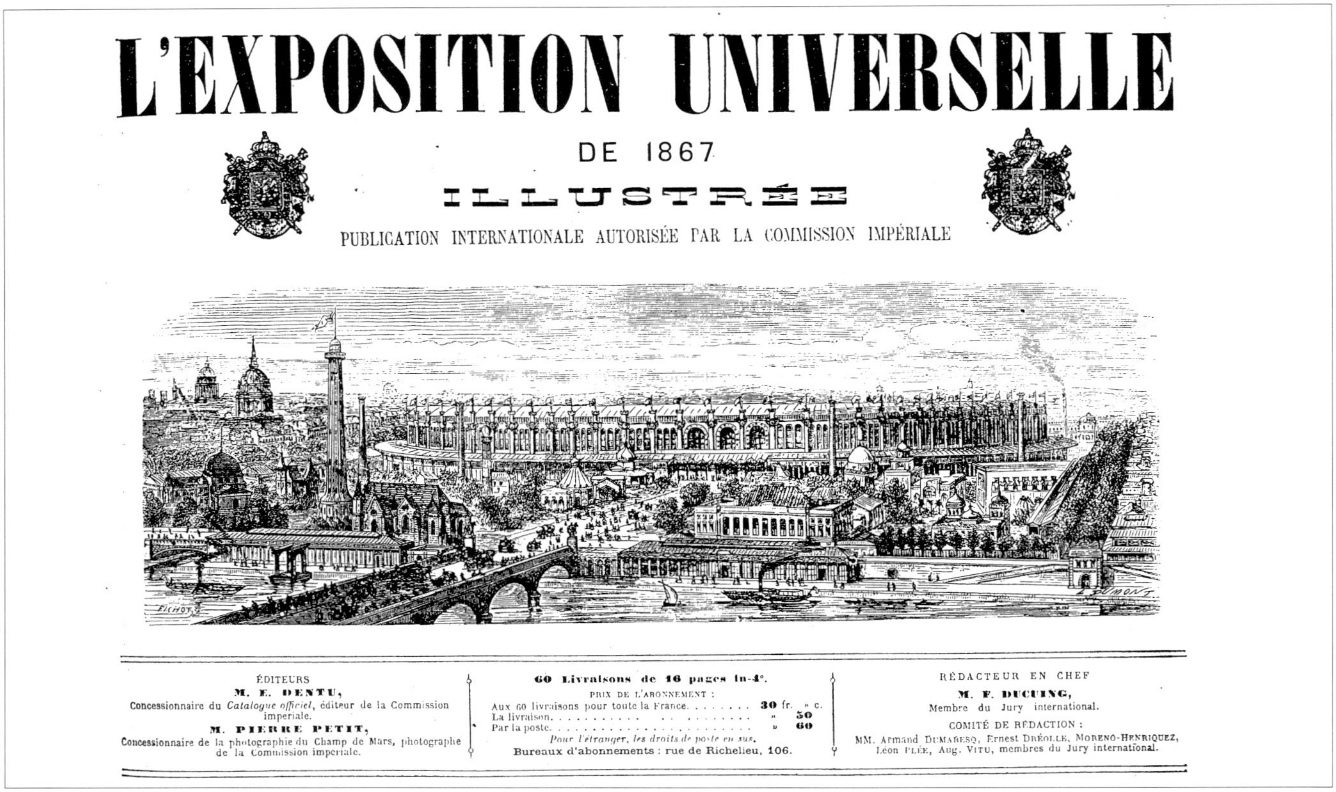

L'EXPOSITION UNIVERSELLE

DE 1867

ILLUSTRÉE

PUBLICATION INTERNATIONALE AUTORISÉE PAR LA COMMISSION IMPÉRIALE

ÉDITEURS
M. E. DENTU,
Concessionnaire du *Catalogue officiel*, éditeur de la Commission impériale.
M. PIERRE PETIT,
Concessionnaire de la photographie du Champ de Mars, photographe de la Commission impériale.

60 Livraisons de 16 pages in-4°.
PRIX DE L'ABONNEMENT :
Aux 60 livraisons pour toute la France. . . . . **30** fr. » c.
La livraison. » **50**
Par la poste. » **60**
Pour l'étranger, les droits de poste en sus.
Bureaux d'abonnements : rue de Richelieu, 106.

RÉDACTEUR EN CHEF
M. F. DUCUING,
Membre du Jury international.
COMITÉ DE RÉDACTION :
MM. Armand DUMARESQ, Ernest DRÉOLLE, MORENO-HENRIQUEZ, Léon PLÉE, Aug. VITU, membres du Jury international.

Die offizielle Zeitschrift zur Weltausstellung in Paris 1867 enthielt auch ein Porträt des jungen König Ludwig II. von Bayern.

Diesem war es 1850 gelungen, einen Modellballon mit einer kleinen, nur 48 kg leichten Dampfmaschine von fünf Pferdestärken und einem Gesamtgewicht mit Kessel von 160 kg zu bauen. Um den Luftwiderstand zu vermindern, gab er dem Ballon eine an beiden Enden spitz auslaufende, längliche Form. Doch die Motorkräfte waren zu gering, um ein brauchbares Ergebnis zu erreichen. Giffard stellte weitere Berechnungen an und fand 1855 heraus, daß er einen Riesenballon von etwa 200 000 cbm Volumen, 600 Meter Länge und 30 Meter Durchmesser bauen müsse, wollte er einen dem Wind und Wetter gewachsenen lenkbaren Ballon erhalten. Die Dampfmaschine in diesem Koloß sollte die Kleinigkeit von 30 000 kg wiegen, dafür aber dem Luftschiff zwanzig Sekundenmeter Geschwindigkeit verleihen.

Mit einem so dimensionierten, lenkbaren Ballon konnte Ludwig in Hohenschwangau natürlich

Die Weltausstellung war auch ein großes gesellschaftliches Ereignis; hier der große Ball im Tuillerien-Palast zu Ehren der angereisten ausländischen Fürsten.

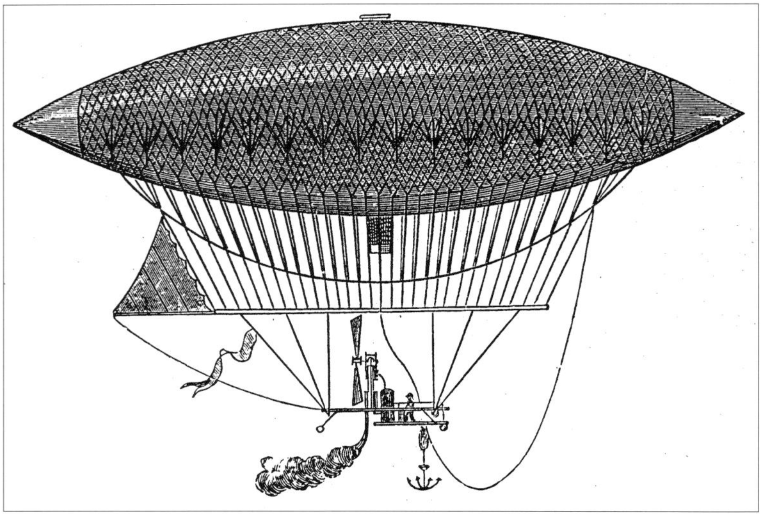

nichts anfangen. Aber auch ein anderes Projekt dürfte seine Fantasie beflügelt haben: 1868 zeigte der deutsche Konstrukteur Joseph M. Kaufmann auf der großen „Aeronautischen Ausstellung“ in London ein gigantisches „Dampf-Schwingen-Flugzeug“, dem er den Namen „Taube“ gegeben hatte. Angetrieben von einer Dampfmaschine sollte es zweihundert Flügelschläge pro Minute vollbringen und in sechs Stunden von Europa nach Amerika fliegen.

In der Leipziger Illustrierten Zeitung vom 5. September 1868 wurde dieses Projekt ausführlich beschrieben. Da Ludwig sehr belesen war, dürfte er diesen Artikel sicher gekannt haben. Ganz besonders muß ihn aber die Illustration der über einen See gleitenden Flugmaschine beeindruckt haben. Könnte ähnlich dieser „Taube“ nicht auch ein über

Der erste Motorballon von Henri Giffard, Illustration aus der zeitgenössischen Presse.

Die Kaufmannsche Flugmaschine, die Ludwig zu seinem Flugprojekt über dem Alpsee inspiriert haben mag, nach einer Originalzeichnung von E. Dammann, in der Leipziger Illustrierten Zeitung vom 5. September 1868.

den Alpsee bei Hohenschwangau schwebender „Pfauenwagen" aussehen? Aber auch diese Maschine war ja erst ein Projekt und somit für ihn nicht ausführbar.

Trotzdem ließ ihn der reizvolle Gedanke, vom Schloß aus über den See zu gleiten, nicht mehr los. In Friedrich Brandt nun fand er den geeigneten, auch mit dem nötigen technischen Wissen ausgestatteten Partner, um das Projekt in die Wirklichkeit umsetzen zu können. Er ließ ihn nach Linderhof kommen, um ihm die Idee eines solchen Flugprojektes zu unterbreiten, was er Richard Wagner in einem Schreiben vom 22. Oktober mit folgenden Worten berichtete:

„Zur Besprechung eines, sein Fach berührenden Planes ließ ich den Maschinisten Brandt hierher kommen."

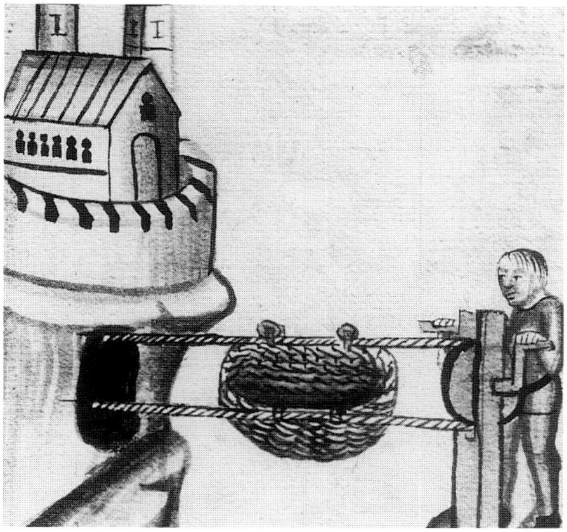

Zwei Beispiele mittelalterlicher über Winden geführter Seilbahnen, Illustrationen aus „Bellifortis" 1405 und „Machinae Novae", 1616.

König Ludwig II. um 1867, zur Zeit seiner Reise nach Paris.

Schon am folgenden Tag, dem 23. Oktober, richtet Ludwig ein Schreiben an Brandt, in dem er ihn den einzigen nennt, der für die Ideale, die er zu verwirklichen suche, mit Begeisterung und edlem Feuer erfüllt sei. Ludwig ist sogar so sehr von ihm angetan, daß er ihm bei seinem Besuch in der Münchner Residenz das vertrauliche „Du" anbietet. Mit soviel königlicher Gunst bedacht, setzt Brandt nun seine ganze Kraft in die Verwirklichung der königlichen Pläne. Doch Ludwig geht alles viel zu langsam, und so erkundigt er sich am 5. November bei seinem Freund in eingangs zitiertem Brief nach dem Entwicklungsstand des gemeinsamen Projektes. Dieses Projekt hatte sich inzwischen zu einer Art Flugseilbahn zwischen dem Schloß und der auf der gegenüberliegenden Seite des Sees gelegenen Sperbersau entwickelt.

In seiner Antwort auf Ludwigs Brief betont Brandt, daß es unumgänglich sei, nach Hohenschwangau zu kommen, muß er doch die zwei Endpunkte des Fluges bestimmen: Von der Plattform des Schloßhofes in Hohenschwangau aus sollte nun nach dem Prinzip eines einfachen Seilzuges, wie man sie im Altertum benutzte, um Flüsse zu überqueren, eine Gondel in Pfauenform über eine Entfernung von 1240 Meter und einen Höhenunterschied von 49,6 Meter zur Sperbersau geführt werden, ähnlich der 1861 in Bad Oeynhausen vom Bergbeamten Franz-Fritz Freiherr von Dücker entworfenen Drahtseilbahn für Materialtransporte. Hierbei handelte es sich um eine Schwebebahn mit einem kombinierten Trag- und Zugseil, die kleinen offenen Gondeln waren dabei fest am Seil montiert. Diese moderne Bahn Dückers wurde erst möglich durch das 1780 erfundene Stahlseil, dessen Herstellung im 19. Jahrhundert mechanisiert wurde. Da sich diese Drahtseilbahn praktisch bewährte, entstanden in den folgenden Jahren in ganz Deutschland Anlagen nach Dückers Plänen.

Um nun die Flugroute zu bestimmen, mußten zwei Fixpunkte festgelegt werden, über die ein Seil laufen sollte. Dies waren der untere Vorhof zum Schloß Hohenschwangau und die Sperbersau. Da die Flugroute quer über den Alpsee geplant war, ergab sich das Problem fehlender Stützen,

Erinnerungsmedaille an die Fahrt mit dem großen Ballon von Henry Giffard, Paris 1878.

was ein Durchhängen des Seiles auf diese Entfernung zur Folge gehabt hätte. Um wiederum diesem Schwachpunkt der Konstruktion entgegenzuwirken, entstand der Plan, die am Seil befestigte Gondel an einen Ballon zu hängen, damit diese bei der Fahrt angehoben wird.

Schon 1859 hatte der Schweizer Architekt Friedrich Albrecht beim Bau der Bergbahn auf den Rigi eine ähnliche Konstruktion in Erwägung gezogen. Dieses Projekt wurde ausführlich in der Gartenlaube beschrieben, so daß es dem König bekannt gewesen sein dürfte.

Neu bei der „Luftbahn" Ludwigs war die Art und Weise, wie der Ballon eingesetzt werden sollte. Wurde bei dem Projekt von Albrecht eine

Vom Schloß Hohenschwangau sollte die Ballonseilbahn zur Sperbersau am Alpsee führen (im oberen Bild links unten.

Friedrich Brand in seiner Münchner Zeit um 1870.

Projekt zu einer Flugseilbahn auf den Rigi am Vierwaldstätter See, Holzstich-Illustration aus der „Gartenlaube" um 1860.

über Rollen und Leitschienen geführte Gondel vom Ballon nach oben gezogen, um dann durch Ballastzufuhr wieder talwärts zu fahren, so war in Hohenschwangau einzige Aufgabe des Ballons, die Gondel ständig in einer gewissen Höhe zu halten. Durch Drehung der Winden an den beiden Fixpunkten wäre dann der Ballon mit der Gondel zwischen dem Schloß und der Sperbersau hin- und hergefahren. Eine im Schloßbereich zu installierende Dampfmaschine hätte die beiden Winden in Bewegung gesetzt.

Nach dem Besuch in Hohenschwangau und der Festlegung der Fixpunkte reiste Brandt wieder nach München, wo er seine Stellung im Maschineriebetrieb der Staatsoper dazu nutzte, Ludwigs Flugprojekt heimlich voranzutreiben. Aber wieder geht es Ludwig nicht schnell genug. Brandt, der sich sichtlich Mühe gibt, bittet ihn weiter um Geduld:

„... ich kann nicht gut noch mehr drängen, und es wäre auch gefährlich (das zu tun), denn da der Ballon überhaupt schon eine außergewöhnliche Arbeit ist, welche Neugierde erweckt, so verlöre es durch zu große Eile den Charakter einer einfachen Bestellung! Ich bitte nun, sei nicht mir böse, daß ich Dir keine schnellere Nachricht geben kann; ich wäre ja selbst froh, wenn es rascher geschehen könnte."

Offensichtlich muß sich am Hofe Unmut breit gemacht haben. Wegen seiner Haltung in der schwelenden Frankreich-Krise und der Förderung Richard Wagners war Ludwig Zielscheibe heftiger Kritik geworden. Verständlich, daß das Vorhaben nun um so diskreter, möglichst als Bühnenprojekt getarnt, behandelt werden sollte.

Ein weiteres Problem war die Berechnung des Projektes. Friedrich Brandt war zwar ein Meister der Bühnentechnik, da eine solche Konstruktion aber noch nicht existierte, zog er es vor, Ludwigs Architekten Georg Dollmann mit an den Berechnungen zu beteiligen (s. Anhang S. 90). Dieser gab eine Reihe von Versuchen an, die durchzuführen seien. Auch wären seines Erachtens mangels Erfahrung unbedingt Informationen aus dem Ausland einzuholen, was möglicherweise zu weiteren Verzögerungen geführt hätte und so nannte

Das Füllen einer Charliere mit Wasserstoffgas, das durch das Zusammenfügen von Eisen oder Zink mit Wasser und Schwefelsäure entstand. Dies geschah in Tonnen, die über Schläuche mit dem zu füllenden Ballon in Verbindung standen. Zeitgenössische Holzstich-Illustrationen.

die Construction zu einem Gasballon-Verb

den Punkten D. und B, welche in einer En

fernung von 4000' liegen und eine Ni

von 160' haben, ist so gedacht, daß der

belastung an einem Seile ohne Ende sich

D. B und BD bewegt.

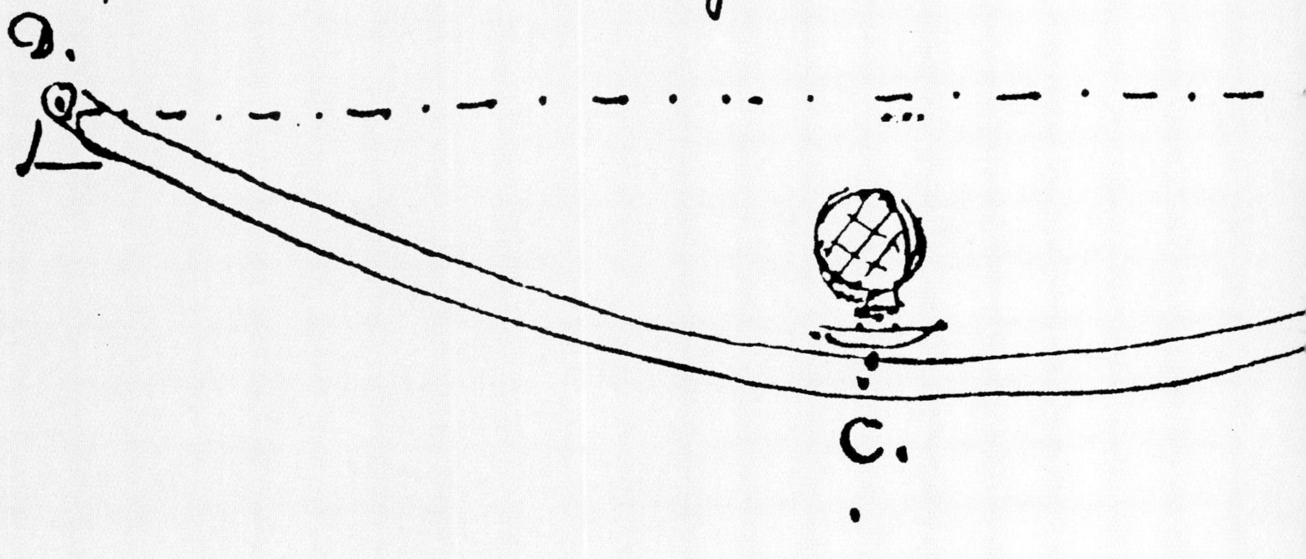

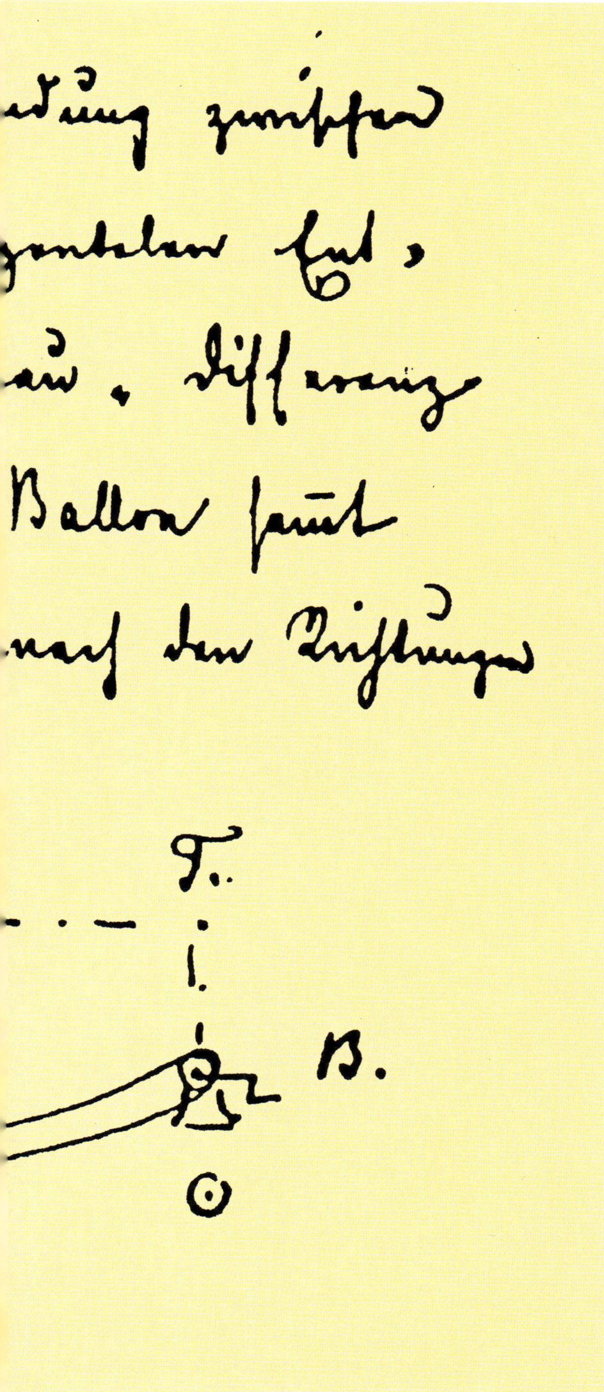

Das Ballon-Projekt König Ludwigs II., einzige bildliche Darstellung aus dem Gutachten von Georg Dollmann .

Ludwig II. an der Ballustrade des Schlosses Neuschwanstein mit Blick nach Hohenschwangau und zum Alpsee, wo die Ballonseilbahn entstehen sollte. Zeitgenössische Postkarte.

er Ludwig einen Zeitraum von mindestens 6 Monaten, um das Problem zu lösen.

Als Seil wurde bei der Planung sowohl ein Drahtseil als auch ein Hanfseil in Erwägung gezogen. Während das Drahtseil den Vorteil größerer Lebensdauer hatte, war im Falle des Hanfseils der Antrieb mit leichteren Maschinen möglich. Zur Füllung des Ballons entschied sich Dollmann für Wasserstoffgas, da dieses leichter herzustellen war. Auch wies er auf die vorhandene Gefahr der Explosion hin, erachtete dieses Problem aber als nicht so gefährlich wie den Flug mit heißer Luft, da bei letzterem die Quelle der Wärme in steter Tätigkeit sein müßte – eine Schlußfolgerung, die bis Mitte unseres Jahrhunderts noch Gültigkeit haben sollte. Interessant waren auch seine Überlegungen zur technischen Herstellung des Wasserstoffgases. So schrieb er:

„Die Füllung des Ballons geschieht durch Wasserstoff, derselbe wird bereitet durch Zusammenbringen von Eisen oder Zink mit Wasser und Schwefelsäure, und zwar auf ein Teil Schwefelsäure 2 bis 3 Teile Wasser. Diese Manipulation geschieht in Tonnen, die mit Schläuchen mit dem zu füllenden Ballon in Verbindung stehen. Es ist anzunehmen, daß der mit Wasserstoff gefüllte Ballon mehrere Wochen lang ohne Erzeugung des Wasserstoffgases gefüllt zu erhalten ist."

Dollmann hatte hier die Schwierigkeit der Beschaffung von Wasserstoff erkannt, eine Problematik, die seit der Erfindung des Wasserstoffballons bis in unsere Tage aktuell ist. Die Größe des Ballons sollte sich nach seiner Berechnung auf einen Durchmesser von 6,2 Meter belaufen. Eine weitere Schwierigkeit sah er im Einfluß starker Winde oder Stürme auf die Bewegung des Ballons, was ein Umlegen oder Kippen desselben zur Folge gehabt hätte. Als schlimmstes Unheil aber erschien ihm das Reißen des Seils durch einen unvorhergesehenen Einfluß, da in einem solchen Falle der Ballon samt Gondel zum Spiel der Lüfte geworden wäre.

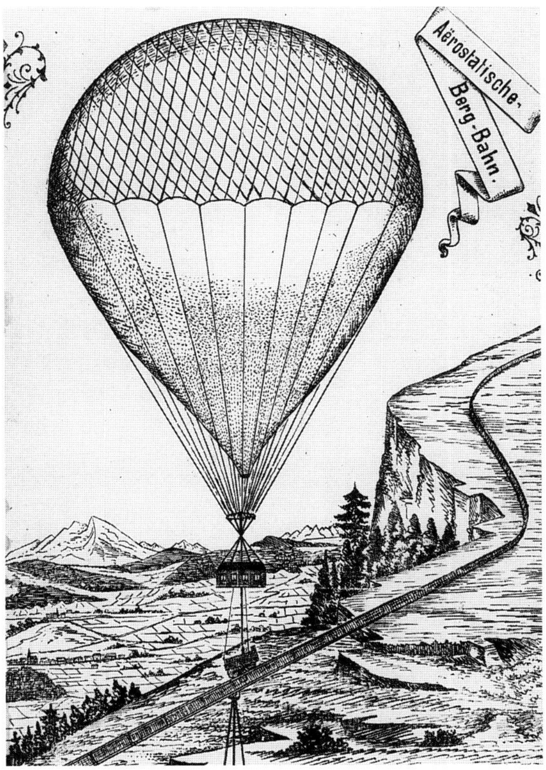

Projekt zu einer aerostatischen Bergbahn bei Salzburg, Zeichnung von Brackebusch und Volderauer.

Zusätzlich zu diesem Gutachten versuchte Dollmann nun die „Ausführbarkeit oder Unausführbarkeit durch Rechnung festzustellen". Doch ergaben diese Berechnungen recht negative Ergebnisse: Ein Drahtseil, auf diese Distanz gespannt, würde schon durch sein eigenes Gewicht brechen oder reißen. Auch seien die Erfahrungen mit Drahtseilkonstruktionen zu berücksichtigen: Unfälle mit Drahtseilbrücken, das Zerreißen von Trommelseilen für Hebevorrichtungen und das Brechen von Telegraphentauen gäben Veranlassung zu größter Vorsicht im Umgang mit dem Material Eisen in Drahtform, welches allzusehr durch Oxydation in seiner Widerstandskraft beeinträchtigt würde. So kam er zu dem Schluß:

„Ein Drahtseil kann freischwebend nur bis zu einer Länge von 496 Metern gespannt werden, abgesehen von den verderblichen Einflüssen der Atmosphäre, des Wassers und der Luft, welches das Eisen allmählich durch Rost so destruiert, daß die Widerstandsfähigkeit Null und der Bruch unvermeidlich wird."

Nach diesem niederschmetternden Urteil wurde auch die Lösung mit einem Hanfseil nicht mehr in Erwägung gezogen und, da Projekte lenkbarer Ballonfahrt zu dem Zeitpunkt noch nicht anwendbar waren, schien Ludwigs Flugwunsch vorerst aufgeschoben.

Für den Entwicklungsstand der damaligen Zeit war das Projekt gar nicht so ausgefallen, im Gegenteil, 40 Jahre später wurde sogar von den Aeronauten Volderauer und Brackebusch eine weitere Variante zu einer am Ballon geführten Bergbahn in Salzburg entwickelt. Im Gegensatz zu den vorausgegangenen Projekten am Rigi und in Hohenschwangau sollte diese 1909 geplante „aerostatische Berg-Bahn" die Zahnradbahn mit ihrem enormen Dampfkraft-Energieaufwand ersetzen. Ähnlich dem Projekt von Albrecht wurde die Gondel an einem Wagen über eine Zahnrad-Leitschiene vom Ballon nach oben gezogen, um dann durch Ballastzufuhr wieder talwärts zu gleiten. Doch auch diese Bergbahn wurde, wie ihre beiden Vorgänger-Projekte, nie gebaut. War in Hohenschwangau hauptsächlich das nicht spannbare Seil der Grund für das Scheitern, so hätten alle drei Projekte wohl auch wegen dem aus unterschiedlichen Richtungen auftretenden Winde kaum funktioniert.

Ein spektakuläres Projekt eines am „Seil geführten" Ballons realisierte der französische Ingenieur Henri Giffard mit seinem „Ballon Captif" auf der Internationalen Pariser Weltausstellung von 1878. Schon bei der Weltausstellung 1867, auf der Ludwig ja anwesend war, wurde ein erstes Modell eines solchen Ballons gezeigt. Vom Hofe des Tuillerien-Palastes aus ließ Giffard einen 35 Meter hohen, mit 25 000 Kubikmeter Wasserstoff gefüllten Ballon zu Besichtigungsfahrten bis in eine Höhe von 550 Metern über Paris aufsteigen. Die Gondel konnte zwischen 30 und 40 Personen aufnehmen, was ein Gesamtgewicht von circa 40 Tonnen ausmachte. Im Gegensatz zum Projekt von Ludwig II., bei welchem dem Ballon durch das zwischen zwei Fixpunkten fest gespannte Seil eine feste Flugroute vorgegeben war, war der Ballon Giffards an einem 7 Zentimeter dicken Tau befestigt, dessen anderes Ende über eine dampfbetriebene Winde im Hof der Tuillerien lief. Hierdurch stieg der Ballon jeweils in die ihm vom Wind vorgegebene Richtung auf. Da sich die Besichtigungsfahrten über Paris allgemeiner Beliebtheit erfreuten, wurde der Ballon auch nach der Weltausstellung weiter betrieben, bis ihn ein Unglück am 16. August 1879 zum Zerplatzen brachte. Ein unerwartet aufgetretener Windstoß bewirkte das Kippen des Ballons. Durch einen circa. 20 Meter langen Riß entwich das Gas in Sekundenschnelle, was eine Panik unter den Zuschauern auslöste, bei der aber niemand zu Schaden kam. Damit hatte sich Dollmanns Befürchtung über die Gefahr durch plötzlich auftretende Winde, die er im Gutachten zu Ludwigs Flugprojekt anführte, als richtig erwiesen.

Da Ludwig nicht, wie 1867, auch zu dieser Ausstellung nach Paris gereist war, entging ihm die Gelegenheit, seinen Traum vom Fliegen schon 1878 in die Realität umzusetzen. Dieses Ereignis sollte ihm für später, wieder zusammen mit seinem Freund Brandt, vorbehalten bleiben. Dieser

Versuchs-Modell eines an einem Seil geführten Ballons auf der Weltausstellung in Paris 1867.

Zur Weltausstellung 1878 wurde die Großausführung zu Ballonaufstiegen für das Publikum verwirklicht.

Ballon Captif auf der Weltausstellung, Paris 1878 über dem Garten der Tuillerien, zeitgenössische Holzstich-Illustration.

Paris, 16. August 1879: Ein starker Windstoß führt zur Zerstörung des großen Fesselballons.

hatte von der Münchner Oper einen Zehnjahresvertrag bis 1881 erhalten und betreute in der Folgezeit neben den herausragenden Wagner-Vorstellungen nun in erster Linie die Separatvorstellungen des Königs, deren erste am 6. Mai 1872 stattfand. Für diese Aufführungen, die im übrigen nicht ausschließlich für Ludwig eingerichtet wurden, sondern ganz normaler Teil des Jahres-Programms waren, entwickelte er Inszenierungen, die wegen ihrer perfekten Technik weit über die Grenzen Bayerns hinaus berühmt wurden. Warum Friedrich Brandt, trotz dieser großen Verdienste um die Weiterentwicklung der Bühnentechnik und trotz der immer noch gewaltigen königlichen Protektion, an der Münchner Oper nicht glücklich wurde, ist leider nicht bekannt.

Zunehmende Schwierigkeiten mit der Intendanz verleideten ihm darüber hinaus immer mehr seine Arbeit. Vielleicht war es der übliche Kollegenneid, vielleicht aber auch der betriebsbedingte Ärger, den die immer anspruchsvolleren Inszenierungswünsche des Königs hervorriefen, was ihn seinen Vertrag, mit Genehmigung Ludwigs, 1875 vorzeitig lösen ließ.

Am 1. Januar 1876 trat er sein neues Amt in Berlin an. Aber trotz der Trennung riß die Freundschaft zwischen den beiden nicht ab, im Gegenteil, sie lebte 1882 wieder neu auf, und mit Bedauern stellte Ludwig am 22. Dezember fest, daß sie sich so lange nicht geschrieben hatten. Anfang Februar besuchte Brandt den König wieder in Bayern, und gemeinsam fuhren sie in die verschneiten Berge. Wie in alten Zeiten schienen die beiden sich wieder mit der Technik befaßt zu haben, denn schon zwei Wochen später beschwörte Ludwig Brandt, „das Blicken in das elektrische Licht ganz zu vermeiden", er habe es probiert, und selbst durch die bunten Gläser in Linderhof tue es weh.

Weiter dankte er ihm, daß er sich mit einem Sachverständigen über das Telefon ins Benehmen gesetzt hatte und bedauerte, mittels desselben nicht miteinander verkehren zu können. Dann freute es ihn zu hören, daß der von ihm gefundene Aufsatz über Luftschiffahrt sein Interesse erregt habe. In einem weiteren Schreiben vom 19. März bat er ihn, ihm diesen Bericht, so er ihn nicht mehr benötige, zurückzusenden. In einem weiteren Brief malte er sich aus, wie schön es doch wäre, schnell mal nach Berlin fliegen zu können, doch sei leider die Zeit des Motorfluges noch nicht gekommen. Sehnsüchtig wünschte er sich die Lenkbarkeit der Luftschiffe herbei, um:

„Mit Dir durch die Lüfte in Wirklichkeit zu fliegen, wie es im kleinen an jenem Abend nach der Oberon-Vorstellung geschah, das wäre mein großer Wunsch, erdentrückt Du und ich."

Worauf spielte Ludwig hier an? Tatsächlich hatte er im Jahre 1881 eine Neueinstudierung von Oberon angeordnet und sich die Inszenierung in zwei Separatvorstellungen am 4. und 7. November angesehen.

Die Briefstelle bedeutet also, daß Friedrich Brandt, der zu dem Zeitpunkt ja in Berlin tätig war, bei einem Besuch in München mit Ludwig zusammen auf der Münchner Bühne die technischen Apparate, die Karl Lautenschläger für diese Inszenierung entworfen hatte, inspiziert haben muß. Bei dieser Gelegenheit müssen sie den Zauberwagen für die Feenerscheinung ausprobiert haben.

Die Funktionsweise eines solchen Bühnenflugapparates, wie er in dieser oder ähnlicher Form in der Münchner Aufführung verwendet wurde, wird in einer Ausgabe von 1883 der Zeitschrift „Bühne" beschrieben: *„Die Flugwerke werden von oben dirigiert und haben hierzu die sogenannte Flugbahn zur Voraussetzung. Ist die Bewegung nicht allein eine solche von oben nach unten, sondern zugleich von links nach rechts, so wird die Horizontalbewegung durch ein Gestell vermittelt, dessen eingefügte Rollen sich auf einer eisernen Schiene bewegen, die Bewegung nach oben durch Seile bewirkt, die über ein zweites Paar Rollen laufen. Die treibenden Kräfte der Flugwerke haben manchmal ihren Platz auf der Bühne, meistenteils aber auf den Galerien, die innerhalb des Bühnenraums angebracht sind."*

Inwiefern Ludwig II. über andere bayerische Flugversuche informiert war, ist leider nicht bekannt, wie sehr er aber an der weiteren Entwicklung interessiert war, beweist wiederum die Tatsache, daß er durch einen Ministerialerlaß vom 6. Februar 1885 bayerische Ingenieur-Offiziere nach Berlin beorderte, um sich „die weitgehenden Vorteile, welche aus der Anwendung des Luftballons als Nachrichten- und Beobachtungsdienst erwachsen", anzueignen.

Obwohl diese Anordnung in Militärkreisen sehr lobend hervorgehoben wurde, war es gerade auch die Flugtechnik, die ihm später, bei den Bestrebungen zu seiner Entmachtung, zur Last gelegt werden sollte.

Daß seinem Wunsch nach der Entwicklung flug- und manövrierfähiger Flugobjekte eine durchaus realistische und ernstzunehmende Entwicklung zugrunde lag, sollen die nachfolgenden „Geschichten aus Bayerns aeronautischer Vorzeit" belegen.

Ein Bühnenflugwagen, wie ihn ähnlich Ludwig II. und Friedrich Brandt in der Münchner Hofoper genutzt haben, wobei in der Münchner Oberon-Aufführung das Faß eine Gondel war, Holzstich-Illustration aus der Zeitschrift „Die Bühne", 1883.

Der bayerische Traum vom Fliegen

Mönche, Grübler und Phantasten suchten seit Jahrhunderten den uralten Menschheitstraum vom Fliegen zu verwirklichen. Nach den ersten erfolgreichen Ballonfahrten in Frankreich wurden solche Luftfahrtgeräte „leichter als Luft" auch in Bayern zu sensationellen Volksbelustigungen. Experimente mit Flugzeugen „schwerer als Luft" dagegen endeten meist erfolglos.

In einem geflügelten Boot, von Dampfkraft getrieben, über die bayerische Landschaft gleitend – so oder ähnlich träumte man wohl im vergangenen Jahrhundert vom Fliegen. Das Motiv des in einem dampfgetriebenen Boot spazieren fliegenden Paares, ist einer Postkarte der Jahrhundertwende entnommen, die, so witzig sie uns heute auch erscheinen mag, die Wünsche und Träume der Menschen der damaligen Zeit recht gut wiedergibt. Aber nicht nur der damaligen Zeit – ist doch der Traum vom Fliegen so alt wie die Menschheit selber.

Wer kennt nicht die alte griechische Sage von Dädalus, der sich auf Kreta mit seinem Sohn Ikarus mit Hilfe künstlicher, aus Federn und Wachs gefertigter Flügel in die Luft erhob. Dädalus hielt sich weise knapp über der Wasseroberfläche, sein Sohn hingegen, leichtsinnig und übermütig, schwang sich trotz väterlicher Mahnung immer höher in die Lüfte, bis er den sengenden Strahlen der Sonne zu nahe kam; das Wachs fing an zu schmelzen und Ikarus stürzte ins Meer.

„Mit einem von Dampfkraft getriebenen Boot über die bayerische Landschaft fliegen", Phantasie-Postkarte um 1900.

In der alten deutschen Sage fertigte sich der Sohn des Riesen Wate, Wieland der Schmied, ein Hemd aus Federn und flog von Tirol zum Schloß seines Vaters auf der Insel Schonen, um so der Fron des Königs Nidurd heimlich zu entkommen. Aber auch ihn ereilte ein ikarisches Schicksal und er stürzte ab, wie die vielen, die im Laufe der Jahrhunderte immer wieder versucht hatten, die Schwerkraft zu überwinden und sich dem Vogel gleich in die Lüfte zu erheben.

Der Traum, sich von der Erdgebundenheit zu lösen, sich in drei Dimensionen frei zu bewegen, hat die Menschen also seit jeher beschäftigt. Mutiges Wagen und klägliches Scheitern liegen dicht beieinander. Der Weg zum modernen Linienflug, zum Überschall-Jet oder gar zur Raumfähre ist mit unzähligen Versuchen und Rückschlägen gepflastert. Diese, aus heutiger Sicht unbeholfen oder gar komisch wirkenden Schritte mutiger und idealistischer Träumer waren aber notwendig: Sie loteten den Bereich des Machbaren aus und wiesen der Entwicklung den Weg. Bayern hat hierzu einen nicht unbedeutenden Beitrag geleistet. Träumen wir diesen bayerischen Traum vom Fliegen, in zumindest einigen seiner Aspekte, noch einmal nach.

Daß im alten Bayern ausgerechnet Mönche diejenigen waren, die sich schon sehr früh mit dem Fliegen beschäftigten, liegt wohl in der Tatsache begründet, daß es gerade die Klöster waren, die das Wissen der damaligen Zeit in ihren Klostermauern bargen.

Im Jahre 1193 wurde im schwäbischen Lauingen der Dominikaner Pater Albert, besser bekannt unter seinem Namen Albertus Magnus, geboren. Er war der Gründer des Generalstudiums in Köln und später Bischof von Regensburg. Als großer Kirchenlehrer und Heiliger ging er in die Geschichte ein, aber auch als universaler Geist seiner Zeit. Bis heute ist er als bedeutender Naturwissenschaftler anerkannt. So wundert nicht, daß er sich mit dem Problem des Fliegens beschäftigte. Auch wenn er sich in seinen Studien nicht ganz vom Magiertum lösen konnte, so war er doch ein zu gewissenhafter Forscher und scharfsinniger Mathematiker, um unfruchtbaren Spekulationen nachzulaufen. Sehr treffend erkannte und beschrieb er die Analogie, die zwischen dem Flug der Vögel in der Luft und dem Schwimmen der Fische im Wasser besteht:

„Die Vögel und Fische zeigen Berührungspunkte, weil das Schwimmen eine Art Flug, das Fliegen eine Art Schwimmen darstellt. Wenn die Vögel erdwärts fliegen oder den Flug in der Luft verändern, biegen sie den Schwanz nach oben oder nach unten. Die Fische aber, deren Schwanzachse vertikel ist, biegen ihn nach rechts oder nach links. Auch brauchen sie beim Fliegen und Schwimmen keinen fixierten Punkt wie beim Gehen, sondern nur eine antreibende Kraft, so daß zur gleichen Zeit alle notwendigen Organe sich in Bewegung setzen können."

Auch beschäftigt ihn das fürs Fliegen sehr wesentliche Problem, ob die Luft ein Gewicht habe oder nicht: Zum ersten Mal finden wir die Unterscheidung zwischen „leichter" Luft, die mehr der Natur des Feuers ähnelt, und „schwerer" Luft, die dem Wasser und der Erde verwandt ist. Er hat also eine Vorahnung über die Stoffe in luftförmigem Aggregatzustand und ihre Eigenschaft, sich durch Abkühlung unter die kritische Temperatur und unter äußerem Druck zu Flüssigkeiten zu verdichten, Stoffe, die wir heute Gase nennen. Albertus Magnus blieb bei seinen theoretischen Abhandlungen, im Gegensatz zu anderen Klosterbrüdern, die sich durchaus auch an echte Flugversuche heranwagten.

Ikarus kam der Sonne zu nahe und stürzte ins Meer, Kupferstich um 1690.

So berichtet die Chronik von einem Nürnberger Mönch, der im Jahre 1627 mit Hilfe eines Federgeflechts Flugexperimente unternommen haben soll. Dabei stürzte er ab und brach sich Arme und Beine, was man aber nicht seinem Fluggerät, sondern vielmehr seinem fortgeschrittenen Alter zuschrieb.

Auch der berühmte Prämonstratenserpater Dr. Caspar Mohr, der fliegende Mönch von Kloster Schussenried, hatte wenig Glück mit seinen Flugversuchen. 1575 bei Hochdorf an der Riß geboren, zeichnete er sich schon sehr früh durch außergewöhnliche Intelligenz aus. Neben der Theologie beschäftigten ihn besonders das Studium der Mathematik und der Mechanik. Jede freie Minute, die ihm neben seinen Klosterpflichten verblieb, verbrachte er über seinen Büchern und Werkplänen. Kein Wunder, daß er ein hochgeachteter und respektierter Mann war. Nur eines seiner Arbeitsgebiete beäugte man mit Mißtrauen. Obwohl er,

Der Dominikanerpater Albertus Magnus beschäftigte sich mit dem Flugproblem, Illustration des 19. Jahrhunderts.

laut zeitgenössischer Quellen, diese Studien im Geheimen betrieb, so ließ es sich doch nicht ganz verbergen, daß er sich intensiv mit dem Problem des Fliegens befaßte. Eines Tages nun überraschte er seine Mitbrüder mit der Ankündigung, er habe sich einen Flugapparat gebaut, dessen Gänsefederflügel mit zwei Treibschnüren zusammengebunden waren. Mit diesem Flugapparat wollte er nun vom dritten Stock des Klostergebäudes in den Konventgarten fliegen. Dies aber wurde ihm vom Abt verboten, der ihm auch seinen Flugapparat – dieses Teufelszeug – abnahm.

Die späteren Erzählungen, daß er allsonntäglich von seinem Kloster Schussenried in seine Pfarrei nach Otterswangern geflogen sei, sind leider nirgendwo belegt und können getrost ins Reich der Legenden verwiesen werden. Im Deckengemälde des Bibliotheksaals im Kloster Schussenried hat ihm der Kemptener Maler Franz Hermann ein Denkmal gesetzt (s. Abb. S. 34).

Ein weiterer Pionier unter den „fliegenden Mönchen" war mit Sicherheit der Jesuitenpater und Gelehrte Athanasius Kircher an der Universität Würzburg, der zwar nicht persönlich mit irgendwelchen Flugmaschinen aus einem Klosterfenster zu springen versuchte, dafür aber eine Maschine entwickelte, die ihm den Ruf des Erfinders der Flugtechnik einbrachte. 1641 schrieb Kircher ein Werk über Magnetismus, in dem er einen Apparat schildert, den er die „Taube des Architas" nennt. Auf einem Hügel steht Architas, eine kleine Figur aus Karton. Unter ihm verborgen ist ein starker Magnet. Architas hält einen dünnen Faden in der Hand, an dem eine Taube hängt. Eine dünne Metallnadel geht jeweils durch Architas und die Taube. Dreht sich nun der Magnet, so wird die Taube magnetisiert und macht die Bewegungen des unsichtbaren Magneten mit. Sogar Papst Urban VIII. mußte er seine „Erfindung" vorführen. Dieser war höchst erstaunt, stellte aber auch fest, daß alles mit rechten Dingen zuging. Mit Rücksicht auf ängstliche Gemüter, die die Taube der schwarzen Magie zuschreiben könnten, verbot er dem Pater, es jemals „irgendeinem Sterblichen" zu zeigen. Im Übertretungsfalle wäre er, auch als Jesuitenpater, in die Fänge der Inquisition geraten.

Dieses, an ein Spielzeug erinnernde Gerät hatte mit der von der Legende her bekannten „Taube" des Archytas nichts zu tun. Laut Überlieferung soll dieses aus Holz geschnitzte Kunstwerk durch eine verborgene und eingeschlossene Strömung von Luft in Bewegung gesetzt worden sein.

Ein Schüler Kirchers, der Jesuit Caspar Schott, äußert sich 1658 in seiner „Magia Universale" zur Taube des Archytas: Die Luftströmung im Innern und die fein ausgewogenen, im Gleichgewicht sich befindenden äußeren Teile ihrer Konstruktion können dennoch nicht verhindern, daß sie infolge ihres Eigengewichtes zu Boden fällt. Also schlägt er einen inneren Rädermechanismus vor, der als rudimentärer Entwurf eines Motors bezeichnet werden kann. Er sollte recht behalten: Weder ein von außen kommender Anstoß, das fein ausgeklügelte Gleichgewicht der Flügel, noch der Widerstand der Luft beim Flügelschlag könnten ein

Flugzeug dauernd in Schwebe halten, wenn nicht ein Motor es während des Fluges in Bewegung setzte.

Auch war Caspar Schott überzeugt, daß mit „ganz reiner Luft" das Fliegen zu verwirklichen sei. In einem seiner Werke hierüber heißt es, daß ein hölzernes oder ehernes Gefäß von ganz dünner Wandung, mit Äther gefüllt und in unseren Luftkreis versetzt, sich zweifelsohne darin halten würde, ohne Gefahr zu laufen, darin zu sinken oder zu fallen, und es könnte genau so wie ein Schiff auf und unter dem Wasser mit Rudern und Segeln hin und her getrieben werden. Das Vorbild dieser Ideen war die Seefahrt.

Die Gleichsetzung von Wasser und Luft schien selbstverständlich. Auf dem gleichen Prinzip basierend beschrieb 1670 der italienische Jesuitenpater Graf Lana seine Barca Volante, sein Vakuum-Luftschiff:

„Man verfertigt vier Kugeln, jede so groß, daß sie zwei bis drei Menschen in die Luft tragen kann. Man verbindet sie mittels vier Tragbalken ... Man baut ein bootsähnliches Schiff mit Mastbaum, Segeln und Rudern ... an den Kugeln befestigt man vier gleichlange Seile, nachdem die Kugeln ihrer Luft entleert sind. Sind alle Besatzungsmitglieder eingestiegen, so löst man die Seile zu gleicher Zeit. Das Boot wird sich in die Luft erheben und die Männer werden sich nach belieben der Ruder und Segel bedienen, um auf schnelleste Weise hinzufliegen, wohin sie wollen."

Pfarrer Giovinto Amati berichtet, daß Lana angeblich einen Versuch mit einem kleinen Boot im Hofe des Jesuitenkollegs in Florenz unternommen habe. Den theoretischen Angaben Caspar Schotts wären somit praktische Versuche gefolgt.

Erster erfolgreicher Deutscher war Pater Ulrich Schiegg im Kloster Ottobeuren. Die „Augspurgische Extra-Zeitung" berichtet am Dienstag, den 27. Januar 1784 hierüber:

„Memmingen, den 23. Jan. Zur Ehre Schwabens ließ Herr P. Udalricus Schiegg, Professor der Philosophie und Großkeller in dem Kayserl. Reichsstift Ottobeuren, gestern eine Luftkugel zu 100 Cubic Schuhen empor steigen, nachdem er den 9ten vorhero einen sehr glücklichen versuch mit einer kleineren gemacht hatte. Der erstgedachte von Papier gemachte, in der Höhe 14 im Durchmesser 12 französische Schuhe messende Ball stieg nach empfangener brennbarer Luft so schnell in die Höhe, daß er in 4 Minuten schon im Gewölke und außer aller Augen gewesen. Dieser Erfolg hat in der That die Erwartung aller sehr zahlreichen Anwesenden weit übertroffen, und das richtigste Zeugnis von der großen Geschicklichkeit des Hochwürdigen herrn Verfertigers abgelegt. Besagte Luftkugel kam nach einer halben Stunde ohnweit besagtem Reichsstift wieder herunter."

Pater Ulrich Schiegg war es also als erstem Deutschen gelungen, aufgrund eigener Versuche einen Ballon in die Lüfte steigen zu lassen. Hierzu fertigte er eine Kugel aus leichtem, gut geleimtem Papier, deren Klebestellen er am unteren, schwachen Ende doppelt verstärkte. Hier befestigte er ein Gefäß für 6 Liter Weingeist. Der Ballon kam somit auf ein Gesamtgewicht von etwa 20 Pfund. Bei einem ersten geheimen Versuch hatte er nur ein Pfund Weingeist entzündet, durch den Erfolg ermuntert, setzte er nun das öffentliche Experiment auf den 16. Januar an.

„Alexanders Luftfahrt": mittelalterliches Steinrelief an der Kirche von Remagen mit der wohl ältesten Flugdarstellung im deutschen Raum.

Doch „widrige, gegeneinander streitende Winde", wie er in seinem Tagebuch vermerkte, vereitelten diesen Versuch. Er wurde auf den 22. Januar verlegt.

Beim Versuch, der vor einer großen Volksmenge stattfand, entzündete Pater Schiegg 6 Pfund Weingeist in der dafür vorgesehenen Öffnung. Drei Helfer sorgten dafür, daß das Papier nicht anbrannte. Nach ungefähr 6 Minuten konnte die Stange, an welcher die Kugel befestigt war, aus der Schlaufe gezogen werden, und der Ballon schwebte langsam in die Höhe, bis er dem Auge entschwand.

Zu diesem „Aerostatischen Versuch" verfaßte Pater Schiegg einen ausführlichen Forschungsbericht, in dem er unter anderem folgendes feststellte:

„... Ein vester Körper, der sich in einem flüßigen befindet, steigt nur alsdann, wenn er wesentlich leichter ist, als der flüßige. Unter andern haben wir ein Beyspiel an dem Kork, welcher, da er in der Tiefe des Wassers gehalten, und nachmals sich selbst überlassen wird, ohne Verweilung nach der Oberfläche desselben sich erhebt: wird im Gegentheil ein schwerer Körper z. B. Bley von dem nemlichen Innbegriff hineingelegt, so wird diesem das Steigen unmöglich, weil es ihm an erforderlicher Leichtigkeit gebricht.

... Es mag sich demnach in dem Körper viele oder wenige Luft vorfinden, so wird nach der durch die Hitze entstandenen Ausdehnung immer eine geringe Masse Luft zurückbleiben, welche verursacht, daß der Körper wesentlich leichter werde und sich nothwendig erhöhen müsse. Nur kommt es auf die eine Hitz erzeigen sollende Materie vorzüglichst an. Ist diese Materie rein, leicht, und verursachet sie schnelle und starke Hitze: so wird mehr Luft ausgeschaft, folglich der Körper immer leichter, und zum erhöben fertiger: und da ich in dem Weingeiste solche gefunden zu haben glaubte so wagte ich mich sogleich an den Versuch."

Nach dem gelungenen Experiment schließt er seinen Bericht mit den Worten:

„... Ein zwar kurzes, doch sehr angenehmes Schauspiel. Sie (die Flugmaschine) hatte von den Winden vieles zu leiden, doch waren solche nicht im Stande, ihr die perpendikuläre Richtung zu benemmen ..." (s. Anhang S. 83).

Am 16. Mai wiederholte er den Versuch mit einem größeren und schöneren Ballon, der dann nach dreieinhalb Meilen auf Reichsgräflich Truchsessischem Gelände niedersank. Diesen hatte er mit einer lateinischen Inschrift versehen, deren großgeschriebene Buchstaben in römischen Zahlen umgesetzt, die das Jahr 1874 ergaben. In freier deutscher Übersetzung lautet der Vers:

„Frankreichs Zögling,
Der erste in Schwaben,
Ottobeurens Freigelassener
Durch sinnreiche Kunst Luftwanderer
Ruhe ich hier ermüdet von der Reise,
nach verlorener und erloschener Kraft."

Ein Jahr vor den gelungenen Versuchen von Pater Ulrich Schiegg, am 5. Juni 1783, war den Brüdern Montgolfier ein ähnliches Experiment mit einem Papierballon gelungen, und schon am 27. August konnten in Paris Professor Charles und die Brüder Robert einen mit Wasserstoffgas statt mit heißer Luft gefüllten Ballon aufsteigen lassen. In Versailles erlebte das französische Volk in Anwesenheit des Königspaares am 19. September eine Heißluftballonfahrt mit drei Passagieren: einem Schaf, einem Hahn und einer Ente. Schlag auf Schlag folgten dann am 15. und 19. Oktober Fesselballonaufstiege und schließlich am 21. November der erste bemannte Freistart eines Heißluftballons mit Pilâtre de Rozier und d'Arlandes sowie am 1. Dezember der erste Freistart eines Gasballons mit Charles und Robert.

Es ist klar, daß sich nach den spektakulären Versuchen von Pater Schiegg schnell Nachahmer fanden. Schon am 26. Januar 1784 machte der Kapitular Roman Freiherr von Schönau Wöhr aus dem Stift Kempten einen ähnlichen, aerostatischen Versuch. Geschäftstüchtig waren die Gebrüder Baader aus Ottobeuren: Sie führten „gegen Einlaßgeld" am 19. Februar in Augsburg einem zahlreich herbeigeeiltem Publikum das Schauspiel der fliegenden Luftkugel von etwa 34 Schuh Umfang mit einem Inhalt von ungefähr 20 Kubikmeter vor. Eine Radierung im Kupferstichkabinett der Veste Coburg erinnert an dieses Ereignis. In der beigegebenen Beschreibung heißt es unter anderem:

„… er stieg prächtig und so hoch, daß er in der Zeit 4 oder 5 Minuten nicht mehr zu sehen war. Aber eine kleine Entzündung bracht ihn um $^3/_4$ auf 4 Uhr in den sogenannten 7 Tisch Anger eine $^1/_2$ Stunde vor der Stadt ganz langsam zum sinken. Der Augsburgische Holzwart Jacob Bayer fuhr ihn mit einem Freund auf einem Schlitten nach und als er sich niederließ, liefen beyde im sehr tiefen Schnee ihm entgegen, fangten ihn glücklich auf und trugen ihn aus dem Schnee in ihren Schlitten und brachten ihn nach 7 Tisch …“

Auch in Mannheim, im Schloßgarten des in München amtierenden Kurfürsten Karl-Theodor ließ am 12. Februar der Meteorologe und Physiker Professor Hemmer einen Ballon aufsteigen, worüber die „Mannheimer Zeitung“ in ihrer Ausgabe vom 13. Februar 1784 berichtet:

„Gestern ließ Herr Professor Hemmer einen montgolfischen Luftballon von 524 Würfelschuhen, im Angesicht vieler hohen und niederen Standespersonen an dem hiesigen Schloßgarten mit gutem Erfolg in die Höhe. Derselbe erhob sich über den nächsten Schloßturm weit empor, sank nach einiger Zeit wieder sanft herunter und blieb, in den Aesten eines Baumes in besagtem Garten ohne einige Verletzung sitzen.“

Schon wenige Tage später führte Artillerie-Hauptmann Manger seiner Landesfürstin einen ähnlichen Versuch vor, über den wieder die „Mannheimer Zeitung“ am 20. Februar berichtete:

„Heute Mittag zwischen 12 und 1 Uhr ließ der Artilleriehauptmann und Vorsteher der Kurfürstlichen Hauptkriegsschule H. Manger in höchster Gegenwart unserer durchlauchtigsten und gnädigen Frau Kurfürstin einen aus feinem Papier verfertigten, kugelförmigen Luftballon, dessen Durchmesser etwas über 9 Schuh betrug, in dem hiesigen Schloßhofe, mitten unter einer zahlreichen Menge Zuschauer in die Höhe steigen. Dieser Versuch glückte vollkommen.“

Pech hatte Professor Hemmer bei seinem zweiten Versuch am 14. April 1784. Als man den Ballon über dem eingehängten Ofen füllen wollte, trieb ihn ein heftiger Wind auf die Seite. Obwohl die Flamme recht hoch aufstieg, konnte ein schnelles Eingreifen ihn vor dem Verbrennen bewahren, nicht aber vor dem Wind; eine zweite, heftige Böe zerriß ihn in Stücke. Noch im gleichen Jahr, am 12. September, veranstaltete der Administrationsrat Andreas von Traitteur zwischen Heidelberg und Schwetzingen den Aufstieg eines „gigantischen Luftballen“, der mit dem kurfürstlichen Wappen und dem Namenszug Karl Theodors geschmückt war. Mehrere tausend begeisterte Zuschauer strömten herbei und entsprechend begeistert berichteten die Zeitungen darüber:

„In 7 Minuten ward er durch eine besondere Erfindung gefüllt, 10 Minuten hielt er sich mit einer 28 Pfund schweren Kohlenpfanne in der Luft, ehe er sich bei Leimen gegen Nußloch unbeschädigt niederließ. Die Einwohner von Leimen trugen ihn unter Jubel und Jauchzen in den Ort und hielten dieselbe Nacht Wache.“

Weitere Aufstiege folgten in Germersheim, in Burrweiler bei Landau und am 4. November, anläßlich des Namensfestes des pfälzischen Kurfürsten, in Donauwörth. Dieser Aufstieg endete mit einem kuriosen Zwischenfall: Nach einer schönen Fahrt ging der Ballon in einem Gehölz bei Wörnitzstein nieder. Ein Bauer, der dies beobachtet hatte, lief eiligst zu den Beamten und erzählte „dieses

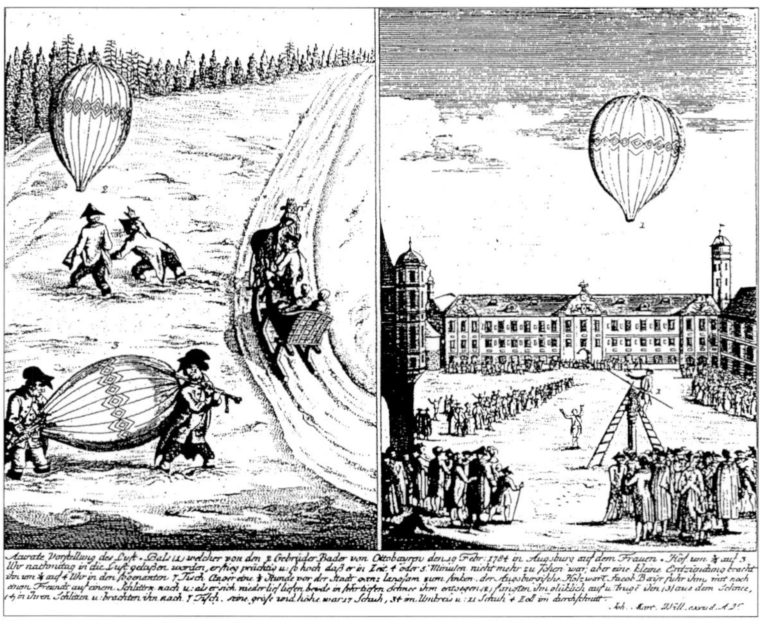

Aufstieg des unbemannten Heißluftballons der Brüder Baader am 19. Februar 1784 im Augsburger Fronhof, zeitgenössischer Kupferstich.

Der „fliegende Pater Kaspar Mohr“ (1675–1725), Fresko nach einem Entwurf von Hermann von Kempten (1754) im Bibliotheks-saal des Klosters Schussenried.

Der Ballonaufstieg der Madame Bittorf am 5. Juni 1811 in Augsburg (links), kolorierter Kupferstich.

Blanchards 28. Fahrt auf dem Judenbühl bei Nürnberg am 12. November 1787 (unten), Kupferstich.

Seifenblasender Putto, Medaille Mitte 19. Jahrhundert (unten).

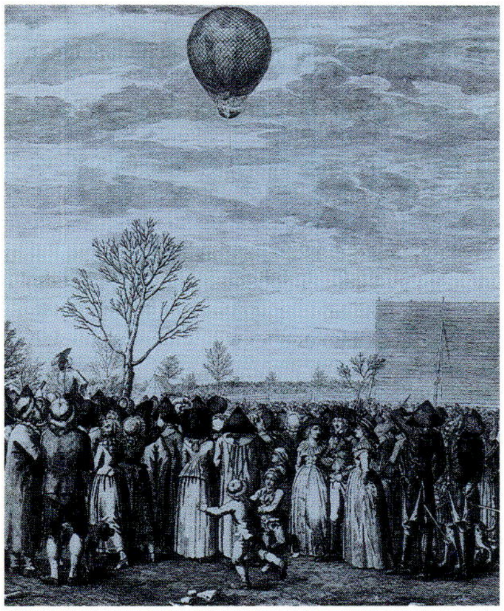

Der Flugversuch des Augsburgers Salomon Idler am 16. September 1635 endete kläglich.

vom Himmel gefallenen Wunder", und es sei ein Kind dabei, welches erstickt sein müsse, weil es schon ganz steif sei. Bis der Beamte den Bauern die Sache erklären konnte, hatten sie die Maschine mit der Puppe schon ins Pflegehaus gebracht.

Den damals größten Ballon Deutschlands ließ am 20. November Hauptmann Closmann mit großem Erfolg vor den Fürstlichkeiten in den Mundenheimer Wiesen am kurfürstlichen Schlosse steigen. Die Ehre, „im Steigen die beste und schönste Maschine" zu haben, aber sprach die Mannheimer Zeitung dem seiner auserlesenen Predigten wegen berühmten Pater König zu. Er unternahm seinen gelungenen Versuch am 13. November, wenige Tage vor dem Riesenballon des Hauptmann Closmann. Ein halbes Jahr später, am 7. Juni 1785, folgte ein ebenfalls unbemannter Ballonaufstieg bei Nördlingen.

Ein Jesuit, der sich als bayerischer Landsmann ebenfalls über die Fliegerei Gedanken machte, war Pater Johann Helfenzrieder. In Landsberg geboren, übte er seine Lehrtätigkeit hauptsächlich in Ingolstadt aus. Unter seinen gedruckten Arbeiten befindet sich eine 1792 herausgebrachte, wissenschaftliche Untersuchung auf dem Gebiet der Aviatik: „Etliche Gedanken die Luftschifferei betreffend". Die Luftschiffahrt schien ihm bisher nur der „Befriedigung des Vorwitzes" gedient zu haben. Um aus dieser Erfindung wirklich einen Nutzen zum allgemeinen Besten zu ziehen, müsse seiner Meinung nach die Luftschiffahrt keine private, sondern eine öffentliche Unternehmung werden. Der Staat solle auf *„eigene Kosten verständige Mechaniker ausbilden lassen, denen die Ausführung der Aviatik anvertraut werde"*. So ein Unternehmer würde *„seine Gedanken und Bemühungen nur auf das Nutzbare wenden und wenig bekümmert sein, seine Maschine prächtig und herrlich ausgeschmückt, sondern sie gut und sicher zu machen"*. Die Zukunft der Luftreisen sah er keineswegs in düsterem Lichte, im Gegenteil, er meinte, daß sie sogar sicherer werden als die Reisen auf dem Wasser und in gewissen Fällen sogar die Landreisen an Verkehrssicherheit übertreffen würden.

Aber auch außerhalb der Klöster gab es immer wieder begeisterte Techniker und Erfinder, die das Problem des menschlichen Fluges in den Griff zu bekommen versuchten. Der wohl erste in Bayern war Salomon Idler aus Augsburg. Am 16. September 1635 wollte er den Versuch unternehmen, mit einem Flugapparat aus Eisenstangen, Holzleisten und Federn vom Perlach-Turm herab auf den Rathausplatz zu segeln. Sein Beichtvater Plazidus jedoch ahnte, daß das nicht gutgehen konnte und es gelang ihm, Idler davon zu überzeugen, daß es doch bedeutend spektakulärer sei, vom Dach seines Schuppens am Lauterlech zum Perlach-Turm hinauf zu fliegen. Die Sorge des guten Beichtvaters war nicht unbegründet. Idler stürzte jählings ab und erschlug beim Aufprall vier neugierige Hennen. Wütend zertrümmerte er die Reste seines Flugapparates. 1970 wurde im Rahmgartengäßchen zu Augsburg eine Gedenktafel aufgestellt, auf der auch der armen Hennen gedacht wird. Auch der Magistrat der Stadt Augsburg setzte ihm ein Denkmal: Beim Bau der Siedlung am alten Flugplatz widmete man interessanterweise ausgerechnet ihm – wohl für seine Unerschrockenheit – die längste, nach Flugpionieren benannte Straße.

Auch der fast 200 Jahre später, 1811, von Albrecht Berblinger, dem berühmten Schneider von Ulm, unternommene Versuch mußte scheitern. Wie schon sein Vorgänger Jacob Degen aus Wien, setzte auch er allein auf Luftschwingen und Muskelkraft, wobei er seine Flugmaschine unter Berücksichtigung der negativen Erfahrungen Degens konstruiert hatte.

Doch wie viele vor ihm, mußte auch er erfahren, daß Muskelkraft zum Antrieb allein nicht ausreichen konnte; zuwenig war ihnen zum damaligen Zeitpunkt die Problematik der Aerodynamik der Flügel bewußt. Für den Tragflächenflug war die Zeit eben noch nicht reif.

Der erste eigentliche Menschenflug in Deutschland fand am 3. Oktober 1785 nicht in Bayern, sondern in Hessen statt: an Bord der französische Aeronaut Jean Pierre Blanchard. Schon ein Jahr später, am 24. August 1786, versuchte es ein Bayer in Augsburg. Joseph Maximilian Freiherr von Lütgendorff, Hochfürstlicher Thurn- und Taxischer Hofrat, ehemals Hauptmann der Dragoner aus Regensburg, wollte unbedingt als der erste deutsche Luftsegler in die Geschichte eingehen. Ein erstes Gesuch um Bewilligung eines Aufstiegs beim Rat der Stadt wurde abgelehnt. Dank eines adligen Gönners hatte der zweite Versuch am 11. Februar 1786 Erfolg. Da er im Jahr zuvor, beim Aufstieg einer Montgolfiere in Regensburg, gewisse Vorkenntnisse erworben hatte, stand nun einem eigenen Aufstieg nichts mehr entgegen. Die Ballonhülle wurde vom Augsburger Schneider Hunger gefertigt, die Gondel von einem Bildhauer und die Prägung der Gedenkmünze auf den Tag der offiziellen Eröffnung des „Ballonzeitalters“ besorgte sein Freund, Rittmeister Strauß. Im Theater bei St. Salvator entstand ein Prachtballon aus französischem Taft in weißen und karmesinroten Farben.

Die Höhe betrug etwa 30 französische Schuh, sein Durchmesser 28 Schuh, zwei Zoll, eine Kugel also von 10 Meter Durchmesser, die, mit Wasserstoff gefüllt, das „Schiffchen“ mit dem Baron tragen sollten.

Dieses Schiffchen hatte der Baron eigenhändig entworfen, es war mit Leder und rotem Taft verkleidet und im besten Geschmack vergoldet und lackiert. Der Baron verstand es, das Interesse der Bevölkerung zu wecken, die Presse schürte kräftig die Vorfreude dazu, schließlich wurden für das Ereignis Eintrittsbillets verkauft, und die Kasse sollte kräftig klingeln. An Vorschußlorbeeren mangelte es dem „Wunderschiffer“ und „Teutschlands erstem Luftbesieger“ denn auch nicht:

„O, Deutsche! seht,
wie groß ein Bayer sich bezeiget,
Wenn er im Fürstenchor
das Wunderschiff besteiget,
Wie blitzschnell Er entfährt!
Wie er die Gondel lenkt,
Bald Wolken überfleugt,
bald sanft sich niedersenkt.“

Der Flugversuch Albrecht Berblingers, des „Schneiders von Ulm“, am 21. Mai 1811 endete in den Fluten der Donau, zeitgenössischer Stich.

Der Münchner Maler Carl Spitzweg schuf etwa um 1870 sein etwas rätselhaftes Bild „Der Projektenmacher“ – frei schwebt die Gondel zwischen Ballon und Erde.

Theodor Pixis malte den wissenschaftlichen Ballonaufstieg über München des Jahres 1871.

Die Luftfahrt der Madame Reichardt auf der Theresienwiese beim Münchner Oktoberfest von 1820, zeitgenössische Lithographie.

Geplant war der Aufstieg für Anfang August 1786, wurde dann aber auf den 24. des Monats verschoben. Tausende kamen angereist, um das Schauspiel zu sehen, doch es regnete in Strömen, wie auch am Tag danach. Erst am 26. August erklangen die Kanonenschüsse, die den Beginn des Spektakels ankündigen sollten. Doch der Ballon wollte und wollte sich nicht blähen. Den aufgebrachten Zuschauern wurde die weitere Gültigkeit ihrer Billetts zugesagt. Auch in den folgenden Tagen versuchte es der Baron immer wieder, doch der Ballon wurde nicht zur Kugel, seine Tragkraft entsprach nicht den Erwartungen.

Am 13. Dezember 1786 verließ Lütgendorff die Stadt Augsburg. In Gersthofen ließ er sich nieder, um sich erneut mit seiner Idee zu befassen. Am 27. Dezember nun sollte der Start stattfinden, so Wind und Wetter dies zuließen. Die Augsburger wurden herzlich eingeladen, da ihre Eintrittskarten immer noch Gültigkeit hatten. Doch wieder war das Schicksal gegen ihn. Ein Unwetter zerfetzte den Ballon und machte alle Hoffnungen zunichte.

Was aber hatte Lütgendorff falsch gemacht? Im Grunde genommen nichts; man hatte ihn betrogen: statt des ausdrücklich verlangten sächsischen Vitriolöls hatte man ihm schweizerisches aus Winterthur geliefert, das zur Auflösung der beträchtlichen Quantität an Feilspänen viel zu schwach war. Doch diese Ehrenrettung konnte ihn nicht vor dem Spott der Leute bewahren, was der Dichter Franz Xaver Huber 1787 in seinem Gedicht „Die Luftfahrt in Augspurg, ein komisches Heldengedicht in vier Gesängen" zu verewigen versuchte:

„Der Lütgendorffsche Luftballon
fliegt nicht davon!
Und Hohn und Spott
Hat der Baron
Zu seinem Lohn!"

42 Jahre später, am 11. August 1829, im hohen Alter von 79 Jahren trat Freiherr von Lütgendorff seine erste und zugleich letzte Himmelfahrt an. Er wurde, trotz allen Mißgeschicks, Initiator einer

Blanchards Ballonfahrt in Nürnberg am 12. November 1787, zeitgenössischer Kupferstich.

Tradition, der die Stadt Augsburg das ehrende Attribut einer „Ballonstadt" verdankt.

Es war der Franzose Jean Pierre Blanchard, dem ein Jahr nach Lütgendorffs Mißerfolg die Ehre zuteil wurde, sich in Nürnberg als erster Mensch in Bayern in die Lüfte zu erheben. Am 14. September 1787 willigte der Rat der Stadt dem Gesuch des Roßwirtes zu dem Ereignis ein. Der Aufstieg sollte aber außerhalb der Stadt stattfinden. Eine eigens für dieses Ereignis eingesetzte Deputation entschied sich für den Judenbühl vor dem Laufertor als Aufstiegsort. Für den Tag des Aufstiegs wurde der Judenbühl festlich hergerichtet, Buden zur Bewirtung aufgebaut, Laternen und Pechpfannen für die Beleuchtung aufgestellt. Da ein solcher Ballonstart Anlaß zu einem Volksfest gab, wurden Bier, Geflügel und Ochsen angeliefert, galt es doch, die zahlreich erscheinenden Besucher nach dem Spektakel zu bewirten. Der Eintritt wurde auf 24 Kreuzer bis 2 Taler veranschlagt. Am 12. November dann war es soweit. Gegen 9 Uhr kündeten drei Böllerschüsse vom Beginn der Ballonfüllung. Um 11 Uhr 26 erklangen Pauken und Trompeten, und mit vier weiteren Böllern erklang das Startsignal. Einer der Anwesenden, der Regensburger Drucker Johann Mayer, berichtete:

„Majestätisch und sanftschnell war des Aeronauten Emporschweben über den Verschlag heraus; er winkte das an seiner Gondel befestigte Seil loszulassen, und erlitt dabei nicht die geringste Erschütterung. Mit bangem Entzücken und frohem Staunen über dies herrliche Schauspiel war eine so feyerliche Stille verbunden, als ob kein lebendiges Geschöpfe sich auf dem großen Platze befunden hätte. So wie bey der schönsten Witterung der Rauch als eine Säule emporsteigt, so gerade stieg auch die von der Tageshelle erleuchtete, und durchsichtig scheinende Kugel mit dem nach sich ziehenden Luftschiffer auf."

Jean Pierre Blanchards Fahrt dauerte 49 Minuten und ging erst Richtung Thon, um dann gegen 12 Uhr 15 bei Boxdorf zu enden. Zwei berittene Studenten und einige Bauern zogen ihn in seiner Gondel mit dem „entkräftet" darüber schwebenden Ballon in Richtung Judenbühl zurück. Unter

Riesenjubel wurde er dann in die Stadt geleitet. Eine festliche Tafel im „Roten Roß" beschloß den Abend. Am nächsten Tag ließ Blanchard noch einmal, für nur 36 Kreuzer auf allen Plätzen, einen unbemannten Ballon aufsteigen. Beim Abschied überreichte ihm der Rat der Stadt sechs goldene Gedenkmedaillen.

Weitere Aufstiege folgten in den nächsten Jahren, erneut am 7. März 1799 in Nürnberg und am 13. Mai 1810 in Augsburg. Doch dieser Aufstieg des Würzburgers Bittorf begann zunächst mit einer größeren Panne:

„Augsburg, den 13. Mai. Heute früh machte der Mechanikus Bittorf, aus dem Würzburgischen, Anstalt, seine angekündigte Luftfahrt wirklich zu halten. Morgens um 8 Uhr war sein papierner, blau und weiß gewürfelter Ballon von 60 Fuß Höhe bereits gefüllt, und alles zur Abfahrt fertig, als derselbe durch die Ungeschicklichkeit eines Handlangers unten einen horizontalen Riß von einigen Schuhen bekam. Dieser Unfall bewog Bittorf, auf der Erde zurückzubleiben, und bloß den Ballon steigen zu lassen."

Bittorf stellte ein Gesuch bei den Behörden, um seine Bewilligung zu verlängern, was ihm genehmigt wurde. Nun machte er sich an die Arbeit, einen neuen Ballon herzustellen. Waren die bisherigen Ballone aus „Taffet", aus Leinwand oder Seide gefertigt, mit Papierbahnen verklebt und mit Firnis, Kautschuk oder Harz gedichtet, so bestand Bittorfs Ballon nur aus Papier. Er hatte ein Volumen von 2000 Kubikmeter und eine Tragkraft von etwa 600 kg, die sich Hülle, Korb, Brennpfanne, Heizmaterial und Pilot teilen mußten. Termingerecht war der neue Ballon fertig, und am 5. Juni 1811 erlebte Augsburg seinen ersten bemannten Ballonaufstieg, allerdings nicht mit Herrn Bittorf an Bord, sondern mit seiner Frau (s. Abb. S. 35):

„Augsburg, den 5. Jun. Der Mechanikus Bittorf aus dem Würzburgischen hat seine Ehre vollkommen gerettet. Am 13. Mai wollte er eine Luftfahrt in der hiesigen Stadt halten. Diese wurde aber durch die Ungeschicklichkeit eines Handlangers, der einen großen Riß in den papiernen Ballon gemacht hatte, vereitelt. Bittorf bat hierauf bei der Königl. Behörde um die Erlaubnis, einen andern Luftballon, gleichfalls aus Papier, verfertigen zu lassen. Mit diesem (er hat 60 Fuß in der Höhe, 46 in der Breite, und ist blau und weiß gewürfelt) erhob sich heute morgens 23 Minuten nach 8 Uhr Madame Bittorf vor dem rothen Thor majestätisch in die Luft, und zwar im Angesicht einer sehr großen Menge von Zuschauern, die ihr ein tausendfaches Bravo zuriefen, und dafür von der beherzten Aeronautin mit einer Fahne salutiert wurden. Das Wetter war ungemein schön, und nach wenigen Minuten erreichte der Ballon eine so beträchtliche Höhe, daß er den Augen kaum noch sichtbar war. Ein mäßiger Ostwind trieb ihn südlich bei der Stadt vorbei nach Westen hin, und nach einer Fahrt von 17 Minuten ließ sich Madame Bittorf zwischen Neuseß und Defertingen, eine kleine Meile von Augsburg entfernt, glücklich zur Erde nieder. Da der Ballon nur eine Montgolfiere ist, so wurde mit demselben wirklich sehr viel geleistet. Heute genossen also die Einwohner von Augsburg zum erstenmal das Schauspiel einer Luftfahrt. Als Madame Bittorf, von einem blasenden Postillon geführt, wieder in der Stadt anlangte, wurde sie mit Vivatgeschrei empfangen, und von Sr. Churfürstlichen Durchlaucht von Trier, so wie von der Prinzessin Kunigunde, reichlich beschenkt."

Die Münchner mußten sich noch einige Jahre gedulden, bis sie in den Genuß eines Ballonaufstieges gelangen konnten. Aber auch hier gab es Versuche: Kein Geringerer als der berühmte Alois Senefelder war es, der sich 1801 damit befaßte, wobei es nicht so sehr der einfache Ballonaufstieg war, der ihn bewegte, sondern das Problem, wie dieser lenkbar zu machen sei. Anlaß hierzu war ein Preisausschreiben der englischen Regierung, und da Senefelder Geld für die Einführung seines neuen Druckverfahrens, der Lithographie brauchte, experimentierte er mit einem von einem Blasebalg angetriebenen Modellballon, an dem kleine Schiffchen hingen.

Endlich, am 4. August 1811, sollte dann auch die Landeshauptstadt ihren ersten Ballonaufstieg erleben. Die Augsburgische Ordinari-Postzeitung berichtet darüber in ihrer Ausgabe vom 7. August:

„Gestern Abend, am 4. August, um 5 Uhr 34 Minuten trat Herr Professor Robertson bei Wind und

Regen seine angekündigte Luftfahrt an. Der Ballon war mit Wasserstoff gefüllt, der um viel mehr leichter als die athmosphärische Luft ist und in einer leichten, sphärischen Hülle verschlossen, fast im Verhältnis wie gemeine Luft im Wasser aufsteigt. Die Vorläufer der Luftfahrt waren zwei kleine Ballons, welche ihren Weg nach Nord-Ost nahmen. Um 5 Uhr 25 Minuten ließen seine Majestät der König einen kleinen niedlichen Ballon steigen, der dem Laufe der Isar folgte. Endlich erhob sich Herr Robertson selbst majestätisch, nachdem er sich in der Luft schwebend von dem allerdurchlauchtigsten Königlichen Hause und dem Publikum beurlaubt hatte. Der Wind trieb ihn nach Nord-Ost. Da ihm aber das Aufsteigen zu langsam ging, so warf er um 5 Uhr 38 Minuten vielen Sand aus, worauf er sich schneller erhob, und in einen Luftstrom kam, der ihn nach Osten trug. Der Ballon drehte sich dabei öfters. Um 5 Uhr 40 Minuten mochte er eine Höhe von 10.000 Fuß erreicht haben. Um 5 Uhr 58 Minuten warf Herr Robertson wieder Sand aus. Er stieg neuerdings schnell und flog nun geradewegs nach Osten, in die Gegend von Haag und Mühldorf hin. Um halb sieben konnte er nicht mehr mit bloßen Augen, sondern nur durch ein sehr gutes, zwei Schuh langes achromatisches Fernrohr aus der Utzschneider-Reichenbach-Fraunhofischen Fabrik gesehen werden. Wo der Aeronaute sich niedergelassen habe, ist heute, morgens um 8 Uhr, noch nicht bekannt."

Den Ort der Landung können wir einer Reisebeschreibung in der „Spenerschen Zeitung" vom 20. August 1811 entnehmen:

„Herr Professor Robertson hat von seiner 41sten vorgestern hier veranstalteten Luftreise eine Beschreibung bekannt gemacht, worin er versichert, in seinem Leben keine lachendere und schönere Aussicht genossen zu haben, als die ihm Bayerns gesegnete Fluren gewährten. Je mehr er sich erhob, desto entzückender wurde der Anblick unter ihm. So weit die Augen reichen konnten sah er die belebten Gruppen. Wälder, kleine Flüsse, die vielfach die Gegend durchschlängeln, liebliche Ortschaften. Indem Herr Professor Robertson diese Dörfer vorbeifuhr, ließ er einen ganzen Regen Couplets herab. Diese vom Himmel herabfallenden Blättchen zogen die Bewohner der Gegenden an: sie suchten neugierig welche zu haschen, lie-

Der erste Ballonaufstieg in München von Professor Robertson am 4. August 1811 in Anwesenheit des bayerischen Königs Max Joseph I. (rechts im Bild), Lithographie um 1820.

fen aber, von der Richtung des Ballons getäuscht, vergeblich hin und her, so daß sie zuletzt, obgleich ermattet, doch jauchzend, wieder in ihre Wohnungen heimkehrten. Nachdem Professor Robertson lange Zeit den Fluß (Iser) zu seinen Füßen gehabt hatte, schien sich plötzlich sein Ballon gegen einen großen Wald hinzuwenden; er fand es daher für gut, sich der Erde zu nähern und kam zu seiner nicht geringen Unterhaltung auf einer großen Wiese, nahe bei einem Wäldchen, unter eine ansehnliche Herde Pferde und Rinder herab. Mit größter Schnelligkeit aber flüchteten die Thiere; der Schrecken teilte sich sogar ihren Führern mit und der wunderbare Ankömmling sah sich folglich gezwungen, abermals die Lüfte zu besteigen. Nachdem er Sand und eine leere Weinbouteille, deren Inhalt er in den oberen Regionen zu sich genommen, ausgeworfen hatte, erhob sich der Ballon wieder und legte noch eine Meile zurück. Herr Professor Robertson wählte endlich zu seiner Niederlassung, in der Hoffnung einer besseren Hülfsleistung als unter der Herde, ein niedliches Dörfchen, von dem er bei 600 Schritte entfernt, sich auf eine freundliche Wiese herabließ. Ein Bauer, der ihm schon lange gefolgt war, nahm das Seil, an dessen Ende ein Sack von 25 Pfund Sandes befestigt war, und hielt den Ballon, der indessen in der Luft hin und her schiffte, bis noch 3 andere Bauern dazu kamen und ihn zur Erde ziehen halfen. Und so war diese um 4 Uhr angetretene Luftreise Schlag 7 Uhr zu Walterskirchen, 8 1/4 Stunden von München entfernt, beendigt. Gestern als den 5. August, Nachmittags um 1 Uhr, kam Herr Robertson wohlbehalten hier an."

Auch literarisch schlug sich diese erste Münchner Luftfahrt des Herrn Robertson nieder. In seinen 1812 veröffentlichten Gedichten widmet J. Sendner dem Aeronauten folgende Verse:

Bey
Gelegenheit der Luftschiff-Fahrt
des Herrn Prof. Robertson,
in München den 4. August 1811

„Was willst du droben in den Höhen,
Was, nah den Sternen, Schönes sehen?
Was treibt im pfeilgeschwinden Lauf
Ins Reich der Lüfte dich hinauf?
Dort in ew'ger Frühlingshelle
Rauscht des Lichtes reine Quelle,
Wogt der Welten endlos Meer
Unermeßlich, groß und hehr!
Doch, rings von Lüften nur umgeben,
Hoch zwischen Erd und Himmel schweben,
Was kann in jenen öden Höh'n
Dein Auge Wundervolles sehn?
Das Wundervollste zieht mich wieder
In eure traute Mitte nieder:
Es wohnt die Königin bei Euch,
An Schönheit, Glanz und Tugend reich!

2.

Hoch aus der Nähe der Sterne,
Tief in die schwindende Ferne,
Send ich noch Grüße an Euch.
Wohl ist dem Segler hier oben,
Irdischer Sorgen enthoben
ist das ätherische Reich.

Wie – in unendlicher Höhe –
Ergreift mich der Himmlischen Nähe!
Wie schimmert das Licht hier so rein!
Wie rauschen die Lüfte in Ströhmen
So erfrischend um mich und benehmen
Mir jede ängstliche Pein!

Der Geist ist gelichtet und heiter,
Es wünschet das Herz sich nichts weiter,
Ich fühle so selig mich hier.
Und kehr ich bald wieder zur Erde,
Ach! fänd ich sie frei von Beschwerde
Und glücklich die Menschen auf ihr!

In den letzten Zeilen dieses Gedichtes dürften sich neben der Freude über die gelungene Luftfahrt auch die Angst der Menschen und deren Leiden unter den napoleonischen Kriegen widerspiegeln.

Als das 1810, anläßlich der Vermählung des Kronprinzen Ludwig mit Prinzessin Therese gegründete Oktoberfest am 1. Oktober 1820 zum zehnten Male stattfand, stand ein außergewöhnliches Ereignis auf dem Festprogramm: Gottfried

Reichard, ein in Dresden ansässiger, gebürtiger Braunschweiger, seines Zeichens Physiker, Chemiker und in der Herstellung von Wasserstoff kundiger „Professor der Aeronautik“, hatte von König Maximilian I. Joseph die Erlaubnis erhalten, im Anschluß an die Preisverleihung des Pferderennens von der Festwiese aus mit einem Gasballon aufzusteigen. Obwohl die Münchner ja schon den gelungenen Aufstieg von Professor Robertson erlebt hatten, war so eine Ballonfahrt immer noch eine Sensation.

In der blumengeschmückten Gondel stand allerdings nicht Gottfried Reichard, sondern seine Frau Wilhelmine, Mutter von fünf Kindern und zu diesem Zeitpunkt erneut in gesegneten Umständen. Auch sie konnte schon auf eine beachtliche Karriere als Luftschifferin zurückblicken. Seit die 21jährige, als damals erste deutsche Frau, in Berlin 1811 in die Lüfte aufgestiegen war, hatte sie insgesamt 16 Luftfahrten absolviert. Sie muß eine mutige und nervenstarke Person gewesen sein, diese zierliche, hübsche Tochter eines fürstlichen Mundschenks aus Braunschweig! Auch die widrigsten Witterungsverhältnisse konnten sie nicht davon abhalten, eine einmal angesetzte Fahrt durchzuführen.

Diese Dickköpfigkeit hätte sie bei ihrer dritten Fahrt in Dresden um ein Haar das Leben gekostet. Der nun zu vollführende 17. Aufstieg in München sollte der krönende Abschluß ihrer Aeronautenkarriere sein.

Schon zwei Wochen vor dem Oktoberfest hatten die „Freunde der Wissenschaft und Kunst“ im Rathaussaal Gelegenheit, den Ballon zu besichtigen. Seine Hülle bestand aus gefirnißter Leinwand. Er hatte einen Durchmesser von etwa 7 Metern und ein Fassungsvermögen von 180 Kubikmetern. Die Münchner Bürger kamen übrigens kostenlos in den Genuß des Ereignisses: Dank einer großzügigen Spende des Königs und zahlreicher Beiträge aus der Münchner Bürgerschaft war die Finanzierung des Unternehmens gesichert. Diese Finanzierung war nötig, dienten doch fast alle Fahrten den Reichards als Broterwerb mit dem Ziel, zusätzlich die Mittel zur Gründung einer kleinen chemischen Fabrik zusammenzutragen.

Zu ihrem Aufstieg trug Madame Reichard eine schöne, altbayerische Tracht, eigens für sie angefertigt auf Kosten des Caffetiers und Gemeindebevollmächtigten Johann Baptist Findel. Weiter sorgte er, zusammen mit anderen Bürgern, für eine mit dem Münchner Stadtwappen bestickte Fahne, mit welcher Madame Reichard beim Aufsteigen die Allerhöchsten Herrschaften und das versammelte Volk begrüßen sollte.

Vor der eigentlichen Fahrt wurden, wie damals üblich, zwei kleine Pilotballone losgelassen, die die voraussichtliche Fahrtrichtung anzeigen sollten. Als Wilhelmine Reichard dann nachmittags um 3 Uhr 44 mit großer Geschicklichkeit den Ballon startete, kannte der Jubel der etwa 30 000 Zuschauer keine Grenzen. Bei 41 000 Einwohnern im damaligen München, war fast die ganze Stadt auf den Beinen.

Rasch stieg sie nun in die Höhe, grüßte mit ihrer weiß-blauen Fahne den König, die Königin und die versammelte Menge und trieb langsam über die Festwiese dahin, bis sie Richtung Osten entschwebte. Aus ihrer bewimpelten Gondel warf sie Tausende von Flugblättern ab, die mit Huldigungen bedruckt waren.

Auf der Vorderseite dieser Huldigung befand sich eine Widmung an das Königspaar:

„Herab von hohen Regionen,
Wo über mir die Sterne thronen,
Begrüße ich Dich, freundlich's Land,
Geleitet von der Liebe Band
Von Deines Königs weiser Hand –
Wenn stürmisch auch die Lüfte wehen
Die Stürme kommen und vergehen,
Was Liebe bindet, bleibt bestehen,
wird niemals, niemals untergehen!.“

Auf der Rückseite wandte sie sich an das bayerische Volk:

„Und sink ich aus den Lüften wieder
Auf Baierns Mutter-Erde nieder,
So find ich Menschen treu und bieder,
Im Handeln kräftig und voll Mark
Wie ihre Frauenthürme stark: –
Denn jedem guten braven Baier
Ist Vaterland und König theuer.
Erwärmt von diesem Lebensfeuer

Läßt er nicht aus das sich're Steuer
Und das, was seine Zunge spricht
Das muß so sein und anders nicht.
Drum soll belohnend Euch die Sonne freundlich scheinen,
Und brüderlich noch oft auf diesem Platz vereinen.
Bringt, gut Baiern, recht viele Jahre noch
Dem besten König Max ein herzlich Lebehoch!"

Nach einer etwa dreiviertelstündigen Fahrt in einer Höhe von 1 625 Metern landete sie ohne große Probleme in einem kleinen Wäldchen, unweit der Poststation von Zorneding. Der zufällig vorbeikommende Wachstuchfabrikant Seitenhorn war ihr behilflich und nahm sie samt ihrem Ballon in seinem Wagen mit zurück nach München. Nur mit Mühe konnte sie sich der damals schon reichlich anwesenden Souvenir-Jäger erwehren, denen sie die Verzierungen der Gondel überlassen mußte. Gegen 8 Uhr kam sie in München an. Mit großen Ehren wurde sie hier empfangen, *„umbraust vom Jubel der Bevölkerung und umrauscht von den Wellen des reichlich ausgeschenkten Bieres."* Neben einem namhaften Geldbetrag wurde ihr eine mit dem Münchner Stadtwappen bestickte Fahne gereicht, die folgenden Spruch trug:

„Die Bürger von München an die geprüfte und muthvolle Luftschifferin Wilhelmine Reichard, bey der Luftfahrt am Oktoberfeste 1820 auf der Theresien-Wiese."

Dank des guten Einvernehmens mit dem Münchner Magistrat wurde das Ehepaar Reichard noch einmal, 1835, zur Silberhochzeit von König Ludwig I. aus Dresden zu einer Ballonfahrt nach München gerufen. Der Magistrat der Stadt München, die Geschäfts- und Gewerbetreibenden hatten einige tausend Gulden für dieses Spektakel aufgebracht. Die Gaserzeugung und die Füllung des Ballons wurde auch vom Hof mit regem Interesse besichtigt. Den Allerhöchsten Herrschaften überreichte Frau Reichard als Überraschung kleine, mit weißblauen Fähnchen und ihren Namenszügen geschmückte Ballons. Diesmal führte Gottfried Reichard den Ballon. Er landete nach 105 Minuten bei Eggenfelden. Diese seine 16. Fahrt sollte auch für ihn seine letzte sein, als krönender Abschluß einer langen und erfolgreichen Luftfahrer-Karriere.

So interessant diese Ballonfahrten auch waren, für die Aeronauten waren sie nur ein Teil dessen, wonach sie strebten. Allzusehr war der Ballon ein Spiel der Winde. Was aber gebraucht wurde, war der lenkbare Ballon, oder die Flugmaschine schlechthin. Ein interessantes, aber nie realisiertes Projekt dieser Art veröffentlichte 1835 Friedrich Matthies aus Nürnberg. Das von ihm konzipierte Flugzeug hatte eine starre Tragfläche sowie ein Höhen- und Seitenleitwerk. Sein Antrieb sollte mit Dampfkraft sowie einem unter dem Rumpf hängenden Rudersystem mit ventilartigen Klappen erzeugt werden.

Auch international versuchte man das Problem in den Griff zu bekommen. Zu diesem Zweck wurde in London 1839 die „Europäische Aeronautische Gesellschaft" gegründet mit dem Ziel, einen lenkbaren Ballon zu entwickeln. Auch die deutsche Presse zeigte eine Abbildung des zur Lenkung mit Paddeln versehenen Ballons nebst Beschreibung und dem Wunsch, daß *„... man beabsichtige auf diese Art eine Communication zwischen London und Paris herzustellen, welche allen Zollinien und Cordons Hohn gesprochen hätte. Nach mehreren angestellten Versuchen war zu Paris Zeit und Ort zur Abfahrt in dem neuen Luftschiffe bestimmt und eine große Anzahl Zuschauer versammelt, um Zeuge der Abfahrt zu sein, als der Ballon in Folge seiner Überfüllung mit Gas platzte, gerade als er abzusegeln im Begriffe war ..."* (s. Anhang S. 89).

Solche Berichte mißlungener ausländischer Versuche spornten natürlich den Erfindergeist deutscher Aeronauten noch mehr an. Aus vorangegangenen Fehlern lernend, wurden auch in Bayern neue Ideen zur Lenkbarkeit entwickelt, so auch den Auftrieb eines Ballons mit dem horizontalen Antrieb durch eine Luftschraube zu kombinieren. Versuche hierzu unternahm 1841 Ludwig Leinberger auf dem Nürnberger Dutzendteich. Sein eisernes „Ruderrad" war auf einem Kahn montiert und wurde „durch zwei Manneskräfte" bewegt. Zum Erstaunen aller Schau- und Fahrlustigen gelang es ihm, selbst bei gänzlicher Windstille, den Kahn über den See zu bewegen. Hierüber berichtet er in einem späteren Exposé:

„Die Versuche mit meinem neuen erfundenen Luftrade zur horizontalen Leitung eines Luftschiffes bestimmt, habe ich zuletzt auf dem Dutzendteich mittels zweier Kähne zu meiner größten Zufriedenheit beendigt, eine Erfindung, der bisher alle Gelehrten und Physiker widersprochen haben.

Der Zweck dieser Aufgabe war, selbst bei gänzlicher Windstille eine Bewegung hervorzubringen, welche ein Schiff in der Luft oder auf der See nach allen Richtungen hin bewegen kann, wenn selbst das vollständige Segelwerk keinen Dienst mehr leistet.

Diese Beweise habe ich nicht nur auf dem Dutzendteich, sondern auch auf der Rosenau mit zwei Kähnen zu Wasser ausgeführt, und ebenso trieb ich den Transportwagen auf der Ludwigs-Eisenbahn dahier mit zwölf Personen belastet, von dem Bahnhofe bis an den Kanal hin und wieder zurück. Vorläufig wird dieses eiserne Ruderrad, welches bestimmt ist durch eine neuere und leichtere Dampfmaschine in Bewegung gesetzt zu werden, nur durch zwei Manneskräfte bewegt. Auf vielseitiges Verlangen meiner hochverehrten Freunde und Gönner lasse ich dieses Rad von heute an bis zum nächsten Sonntag und Montag auf dem Dutzendteich aufgestellt, und bin erbötig, gegen gewöhnliches Fahrgeld der Kähne, da diese nicht mein Eigenthum sind, bei ruhigem Winde mit den Fahrlustigen einige Fahrten vorzunehmen. Wozu ergebenst einladet

Nürnberg, den 22. Juli 1841

L. A. Leinberger, Mechaniker"

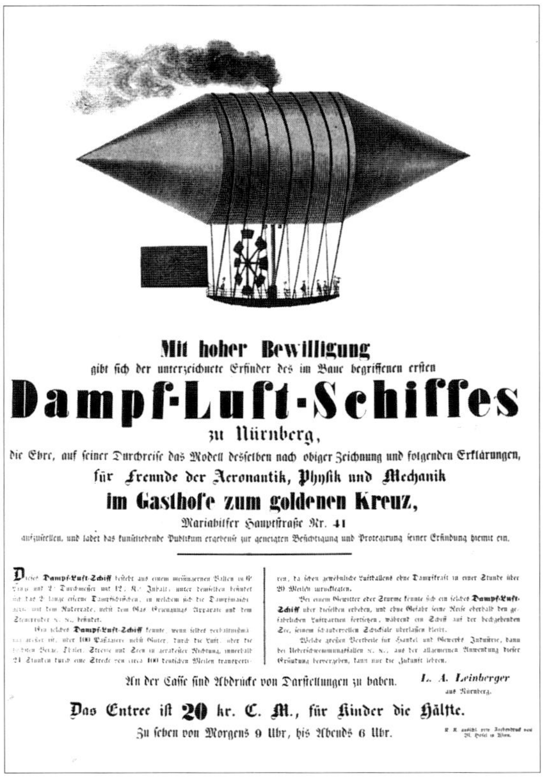

Plakat zur Vorführung des Dampf-Luftschiffes in Nürnberg von L. A. Leinberger im Jahr 1843.

Knapp zwei Jahre später, 1843, ist es ihm gelungen, ein Modell zu einem Dampf-Luft-Schiff zu bauen, das er im „Gasthof zum goldenen Kreuz" dem Publikum vorführen wollte. Hierzu erarbeitete er ein Plakat, auf dem er nebst einer Zeichnung seines Modells auch gleich eine detaillierte Zukunftsvision vorstellt:

„Ein solches Dampf-Luft-Schiff könnte, wenn selbes verhältnismäßig größer ist, über 100 Passagiere nebst Güter durch die Luft, über die höchsten Berge, Thäler, Ströme und Seen in geradester Richtung, innerhalb 24 Stunden durch eine Strecke von circa 100 deutschen Meilen transportieren ... Bei einem Gewitter oder Sturme könnte sich ein solches Dampf-Luft-Schiff über dieselben erheben und ohne Gefahr seine Reise oberhalb der gefährlichen Luftpartien fortsetzen, während ein Schiff auf der hochgehenden See seinem schaudervollen Schicksale überlassen bleibt."

Neben dieser privaten Versuche, die sich großer öffentlicher Anteilnahme erfreuten, schien das Interesse auch an allgemeinen Ballonfahrten so groß, daß sogar eine Aeronautische Gesellschaft in Nürnberg gegründet wurde, deren Beitragszahlung den Mitgliedern das Recht auf freien Besuch des Bauhofes sowie der physikalischen Versuche und Arbeiten gewährte. Auch wurde den Inhabern der Mitgliedskarte bei der ersten Auffahrt des Ballons „freies Entrée" bewilligt. In erster Linie sollte diese Gesellschaft wohl das nötige Kleingeld für die Versuche beschaffen, und da die Ballonfahrten ja immer noch ein recht spektakuläres Ereignis darstellten, warum nicht das Nützliche mit dem Angenehmen verbinden?

Daß dagegen andere Aeronauten ihre Auffahrt eher als kuriose Sensation, denn als große, ernste Zukunftsvision zu interpretieren wußten, beweist uns das Plakat zu einem Ballonaufstieg in Oettingen am 1. August 1839. In kuriosester Art wird uns der Aufstieg wie folgt angekündigt:

„Mit hoher Bewilligung wird heute, den 1. August 1839, dahier zu Oettingen, zur Feier der hohen Anwesenheit des durchlauchtigsten Fürstenpaars von Thurn und Taxis, Maximilian und Mathilde, das hocherhabene Schauspiel der Aerostatik, von dem nicht genug berühmten Luftmanipulanten und Unternehmer Don Agosto el Mendoso da Ribeira y Quadalaxara aus Weißrußland und dem gleichfalls kaum genug berühmten Chemiker und Alchymisten Doctor Ludovicus Hydrogenius Pillifex aus Trichacropolis in Schwaben, aufgeführt zu werden die Ehre haben.

Der Ballon ist von einer hier noch nie gesehenen Größe, ohne gerade erstaunlich oder schauderhaft zu sein, und mit diesem wird sich der damit vertraute Aeronaut Max Joseph Hirlmayr aus der Au bei München, als Luftpassagier erheben und so am Ziele seiner gereifteren Jugend einem möglichst schönen Tod muthig entgegensteigen, – wenn es Zeit und Umstände erlauben.

Die Unternehmer schmeicheln sich eines zahlreichen Zuspruchs, um so mehr, als sie gewohnt sind, Gegenstand besonderer Aufmerksamkeit im Fache aerostatischer und verwandter Leistungen zu sein, und sie geben die Versicherung, daß, verläßiger und höher als Ballon und Aeronaut, die frommen Wünsche für das höchste Wohl der durchlauchtigsten Anwesenden gen Himmel steigen, welche ihre, sowie aller Zuschauer Herzen als ein nie verbundenes Hydrogengas der Treue, Liebe und Dankbarkeit füllen.

Der längst erkannte Tausendkünstler und Komiker Tillenius aus Island wird mit der größten Anstrengung das Publikum zu unterhalten suchen, und die Unternehmer garantieren für modeste Späße.

Der Schauplatz ist im Fürstlichen Hofgarten.

Der Preis der Plätze ist bekannt.“

Mit hoher Bewilligung

wird heute, den 1. August 1839 dahier zu Oettingen

zur Feier der hohen Anwesenheit des durchlauchtigsten

Fürstenpaars von Thurn und Taxis

Maximilian und Mathilde

das hocherhabene Schauspiel der Aerostatik von dem nicht genug berühmten Luftmanipulanten und Unternehmer Don Agosto el Mendoso da Ribeira y Quadalaxara aus Weißrußland und dem gleichfalls kaum genug berühmten Chemiker und Alchymisten Doctor Ludovicus Hydrogenius Pillifex aus Trichacropolis in Schwaben, aufgeführt zu werden die Ehre haben.

Der Ballon ist von einer hier noch nie gesehenen Größe, ohne gerade erstaunlich oder schauderhaft zu sein, und mit diesem wird sich der damit vertraute Aeronaut Max Joseph Hirlmayr aus der Au bei München, als Luftpassagier erheben und so am Ziele seiner gereifteren Jugend einem möglichst schönen Tod muthig entgegenfliegen, — wenn es Zeit und Umstände erlauben.

Die Unternehmer schmeicheln sich eines zahlreichen Zuspruchs, um so mehr, als sie gewohnt sind, Gegenstand besonderer Aufmerksamkeit im Fache aerostatischer und verwandter Leistungen zu sein, und sie geben die Versicherung, daß, verläßiger und höher als Ballon und Aeronaut, die frommen Wünsche für das höchste Wohl der durchlauchtigsten Anwesenden gen Himmel steigen, welche ihre, so wie aller Zuschauer Herzen als ein nie verdunstendes Hydrogengas der Treue, Liebe und Dankbarkeit füllen.

Der längst erkannte Tausendkünstler und Komiker Tillenius aus Island wird mit der größten Anstrengung das Publikum zu unterhalten suchen, und die Unternehmer garantiren für modeste Späße.

Der Schauplatz ist im Fürstlichen Hofgarten.

Der Preis der Plätze ist bekannt.

Don Agosto el Mendoso da Ribeira y Quadalaxara.

Plakat zum Ballonstart in Oettingen am 1. August 1839.

Die aerostatischen Vorführungen hatten offenbar im Laufe der Zeit eine gewisse Routine gewonnen und etwas von ihrer Spektakularität eingebüßt, so daß man sich schon zusätzliche Attraktionen einfallen lassen mußte, um die Leute anzulocken und somit das nötige Eintrittsgeld zu kassieren. Wirklich Neues hatten die Aeronauten zudem nicht zu bieten, und vom Traum des lenkbaren Fluges war die Entwicklung noch weit entfernt, eine bittere Erfahrung, die auch dem Münchner Anton Reichenbeck nicht erspart blieb. Er entwickelte Anfang der sechziger Jahre einen Flugapparat mit einem Schwingenpaar als Antriebserzeuger und zwei vierblättrigen, paddelähnlichen Schaufeln zur Bewegung. Die genauen Zeichnungen zu

Greens Ballon in einfacher Ausführung und mit Steuersegel, ein vergeblicher Versuch, den Ballon lenkbar zu machen, zeitgenössische Holzstich-Illustration.

seinem Projekt gingen leider verloren, ein noch heute erhaltenes Fragment des Apparates im Deutschen Museum in München läßt die Funktion erahnen.

Anno 1852, am Sonntag, dem 17. Oktober sollte die königliche Residenzstadt München wieder in den Genuß eines großen Ballonaufstiegs kommen. Der englische Aeronaut Green plante eine Gas-Ballonfahrt vom Karlsplatz aus. Es sollte dies sein 245. Aufstieg sein, und um das Spektakel zu finanzieren, durften die Zuschauer gegen ein Eintrittsgeld von 30 Kreuzer bis 1 Florin 30 beim Gasfüllen des Ballons und den weiteren Vorbereitungen zuschauen, ein Eintrittsgeld, das die Münchner Neuesten Nachrichten in Anbetracht der hohen Kosten des Herrn Green als sehr günstig empfanden. Die gleiche Zeitung beschreibt uns dann am 18. Oktober das Ereignis wie folgt:

„Seit Nachmittag 2 Uhr strömt die Volksmenge in ununterbrochenen Zügen nach dem Karlsplatz, dem Schauplatze des heute aus dem Hofraume des königlichen Kadettencorps aufzufahrenden Riesenballons Continent des Herrn Green aus London. Gegen 3 Uhr war die Gasfüllung des Ballons bereits ziemlich vorgerückt. Um 3½ Uhr wurden die letzten nötigen Vorbereitungen zur Aufnahme der 3 Mitfahrenden geordnet. Endlich bestiegen die Reisenden, ein Mitglied der britischen Gesandschaft, der Redakteur des Herold, Hr. Haller, und der berühmte Luftschiffer, Hr. Green, das

Anzeige zum Ballonstart Greens in München (unten) am 17. Oktober 1852.

45,509. Nachdem der Unterzeichnete die höchste Erlaubniß erhalten hat, zur Füllung seines Ballons den

Hofraum des k. Cadettencorps

zu benützen, so hat er die Ehre zur öffentlichen Kenntniß zu bringen, daß er seine

245ste Luftfahrt

in Begleitung einiger Personen am

Sonntag den 17. ds., Nachmittags 3½ Uhr

von obigem Platze aus unternehmen wird.

Preise der Plätze: Sperrsitz 1 fl. 30 kr. Erster Platz 1 fl. Zweiter Platz 30 kr. Kinder zahlen die Hälfte. Eröffnung der Cassa um 2 Uhr.

NB. Wer diese Fahrt mitmachen will, kann die näheren Bedingungen erfahren Sonnenstraße Nr. 21/1.

Im Falle eines heftigen Regens oder starken Windes wird die Auffahrt für den nächsten schönen Tag aufgeschoben.

C. G. Green.

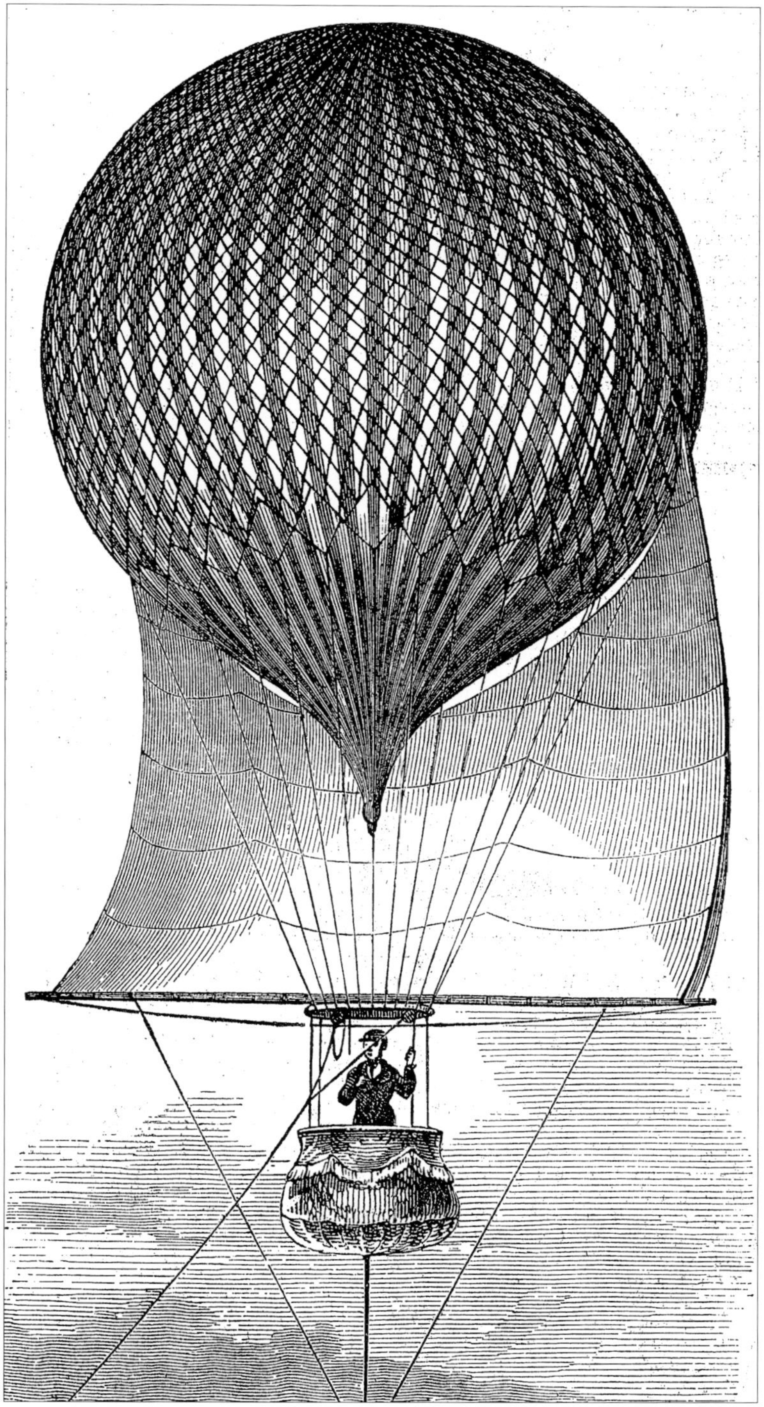

König Ludwig II. um 1870.

angehängte Schiff. Schlag 4 Uhr stieg der Ballon unter freundlicher Abschiedsbegrüßung der Luftfahrer, dem Schmettern der Trompeten und weitschallenden Hochrufen der tausenden von Zuschauern majestätisch von der Erde nach den unermeßlichen Höhen über die Theresienwiese, in der Richtung gegen den Starnberger See auf. Prinz und Prinzessin Luitpold beehrten Herrn Green mit ihrer Gegenwart bis gegen 3 Uhr, die kleinen königlichen Prinzen bis nach der Auffahrt. Als der Ballon etwa eine Stunde Entfernung von hiesiger Stadt gewesen sein mochte, ließ Herr Green einen mitgenommenen Drahtkäfig, in welchem ein geschriebener Zettel – wohl die Abfahrt oder derlei enthaltend – mittels eines Fallschirmes herab. Im weiteren Verlaufe – wohl einige weiteren Stunden Entfernung – war ein Ausleeren des Ballastes (Sand) zu bemerken. Der außerordentliche Zulauf zu dieser Luftfahrt mag den Verkäufern in der Auer Dult heute, als am ersten, dem Haupttage mehr denn ungelegen und empfindlich geworden seyn."

Erstaunlich, daß dieses Ballonfahrt nicht als Attraktion zur Eröffnung der Auer Dult diente, da ja gerade in dieser Zeit Ballonfahrten zur Belustigung auf Volksfesten beitrugen. Vielleicht wollte der Magistrat der Stadt München den Ballonstart auch nur in eine gewisse Entfernung zu Haidhausen verlegen, wo am gleichen Tag die Grundsteinlegung zum Bau der neuen Pfarrkirche vorgenommen wurde und ein zeitliches Zusammentreffen beider Ereignisse vielleicht doch ein zu großes Aufsehen erregt hätten. Leider gibt die Chronik hierüber keine Auskunft.

Laut den Mitteilungen der „Neuesten Nachrichten" kam der Ballon nach einer einstündigen Fahrt zwischen Freiham und Pfaffenhofen wieder auf festen Boden. Am gleichen Abend noch erreichte die Reisegesellschaft wohlbehalten München.

Ob bei den kleinen Prinzen, die dem Aufstieg beiwohnten, auch der siebenjährige Kronprinz Ludwig und sein Bruder Otto waren, ist ebenfalls nicht bekannt, das Ereignis hätte aber sicherlich ihre Begeisterung geweckt.

Neben diesen reinen Vergnügungsfahrten wurde in den kommenden Jahren die Ballonfahrt verstärkt für wissenschaftliche Zwecke, besonders meteorologischer Art eingesetzt. Einen solchen Aufstieg im Jahre 1871 beschreibt uns der berühmte Münchner Maler Theodor Pixis, der an dieser Fahrt teilnehmen sollte und sie in einem Gemälde für die Nachwelt festhielt. Die Idee zu diesem Gemälde kam Pixis, als er bei einem Vortrag des Freiherrn von Liegsfeld mehrere Luftaufnahmen von München zu Gesicht bekam, die Premierleutnant Brug während einem Aufstieg des

Ballons „Herder“ über München in Photographie festgehalten hatte. Nachdem er den beiden die Idee zu seinem Gemälde erläutert hatte, luden sie ihn zu ihrer nächsten Auffahrt ein, die er folgendermaßen beschreibt:

„Als ich mich zu der bezeichneten Zeit in der Gasfabrik Haidhausen einstellte, begrüßte mich ein eigenartiges Schauspiel. Der mit Gas gefüllte Koloß strebte mächtig nach oben, stramme Soldaten hielten die Stricke, während die Teilnehmer an der ungewöhnlichen Reise sich schon in der Gondel einrichteten und kleine Ballons steigen ließen, um die Richtung des Windes genau kennenzulernen, damit nachher ein unangenehmer Zusammenstoß mit den hohen Fabrikkaminen oder einem Dache vermieden werden könnte. Feierliche Stille! Atemlose Spannung der Zuschauer! ‚Los‘ – und das Luftschiff, das eben noch an seinen Fesseln vom Wind hin- und hergeworfen wurde, schwingt sich mit stolzer Ruhe weiter und weiter in die Höhen hinauf. Die Insassen winken Grüße herunter und einer salutiert mit roter Flagge. Doch bald ist am Himmel nur noch ein kleiner, dunkler Fleck sichtbar, der erst zu einem winzigen Punkt zusammenschrumpft und endlich ganz verschwindet.“

Durch diesen Anblick beflügelt, entwarf Pixis sofort einige Skizzen, die er Liegsfeld nach dessen Rückkehr vorlegte. Dieser war so angetan, daß er ihn nach Kräften unterstützte. Wohin das aber führen sollte, entnehmen wir einem weiteren Bericht von Pixis:

„Liegsfeld ließ die Gondel seines Ballons in der Nähe der Gasfabrik, auf einem hohen Gerüst freischwebend aufhängen. Auf meinen Wunsch hin nahm er nebst mehreren Bekannten darin Platz, ich gab jedem die Stellung an. Herr von Liegsfeld sollte abgemalt werden, wie er, das Auge in die Weite gerichtet, sich über eine Landkarte beugte; Premierleutnant Brug stand auf dem Rand der Gondel, mit der einen Hand hielt er sich an einem Strick fest, mit der anderen schwang er eine rote Fahne.

Allein mit den genannten Vorstudien war noch nicht alles getan, um Verstößen zu entgehen. Ich legte mir ein Verzeichnis an von den Farben sämtlicher Gebäude und Dächer in der Umgebung der Isar, kletterte auf den Petersthurm und machte mir von dieser stattlichen Höhe aus neue Farbennotizen. Sogar dem Flug der Brieftauben widmete ich Aufmerksamkeit, wozu mir ein bekannter Taubenzüchter Gelegenheit gab. Und trotz alledem schien eine letzte Schwierigkeit unüberwindlich zu sein: Auf der Photographie, die mir als Grundlage für das Stadtbild diente, war von Thalkirchen ab die ganze Ferne in eine Wolke gehüllt. Wie mochte bei klarem Wetter die Landschaft dahinter sich ausnehmen von jener Höhe her, in welcher die Augenblicksaufnahme angefertigt worden war? Wie viele Meter betrug überhaupt diese Höhe? Ein Mathe-

Im Korb des Ballons Humboldt, 5000 m über Stettin, Beispiel für einen zu wissenschaftlichen Zwecken genutzten Ballons, Holzstich um 1870.

a. Aspirations-Psychrometer.
b. Sonnenschein-Thermometer.
c. Ablese-Fernrohr.
d. Aspirations-Thermograph.
e. Quecksilber-Barometer.
f. Barograph.
g. Aneroid-Barometer.
h. Photographischer Apparat.
i. Instrumentenkoffer.
k. Ballastsäcke.
l. Anker mit Gleitstück.
m. Schlepptau.

Vortrag vor Ludwig II. in seinem Audienzzimmer in Linderhof, Heliogravure von H. Brehling.

matiker half aus der Noth. Er berechnete, daß die Aufnahme tausend Meter über der Erde stattgefunden habe, stellte fest, wieviel man bei dieser Entfernung aus der Vogelschau wahrnehmen könne von den Seen und Bergen, und welche Form sie für das Auge dort oben haben müßten. So kam das Gemälde zustande, Phantasie und Berechnung im Verein hatten zur Vollendung desselben dem luftigen Reich den festen Punkt abgewonnen, den die Wirklichkeit nicht bieten konnte." (s. Abb. S. 39).

Warum Theodor Pixis nicht selber eine Auffahrt mitmachte, um so von oben sich die Vorlagen zu verschaffen, verschweigt er uns. Das Gemälde wurde von der „Gartenlaube" 1891 in schwarzweiß wiedergegeben und ist ein einzigartiges Zeugnis früher Ballonfahrten in der Residenzstadt München.

Schon drei Jahre nach dieser wissenschaftlichen Ballonfahrt hatten die Münchner Bürger Gelegenheit, selbst in die Luft zu gehen. Für 50 Taler konnten sie an einer Fahrt des Ballons „Kolossus" teilnehmen, der am 1. August 1874 um 6 Uhr 15 vom Kolosseumsgarten aus unter Führung des Luftschiffers Schulze abhob und schon um 6 Uhr 35 bei Trudering landete.

Gleich fünf gekoppelte Ballone mit den Namen „Deutsches Reich", „Berlin", „London", „Wien" und „Petersburg" führte der bekannte Luftschiffer Securius im Juli 1881 während des VII. Deutschen Bundesschießens in München vor. Mit dem größten dieser mit Leuchtgas gefüllten Ballone machte er auch Freifahrten, die nach Erding und Oberföhring führten. Und auch im folgenden Jahr, im Oktober 1882 demonstrierte Securius in München einen aus Seide gefertigten Riesenballon: Seine 217. Fahrt führte von der Schlittschuhbahn an der Auenstraße in die Nähe von Giesing.

Nach 1870 zieht sich Ludwig mehr und mehr in seine Schlösser und Berghütten zurück, um sich seinen Projekten zu widmen; Ludwig in der Hundingshütte im Graswangtal, Heliogravure von H. Brehling.

Flugprojekte mit „allerhöchster“ Förderung?

Den Traum vom Fliegen hat Ludwig II. nie aufgegeben. Zwar hatte sich das Ballonprojekt von 1869 nicht verwirklichen lassen, aber es gibt Anzeichen dafür, daß der König einige andere Ideen sehr aufmerksam verfolgte und wohl auch förderte. Seine Flugsehnsucht war nicht irreal: Schon 1891 – nur fünf Jahre nach Ludwigs Tod – flog Otto Lilienthal als erster Mensch mit einem Flugzeug.

Die Fahrten „leichter als Luft“ waren also schon zu beinahe gewohnten, wenn auch immer wieder spektakulären Ereignissen geworden. Aber schon 1870 machte sich der aus Dillingen an der Donau stammende Wilhelm Bauer an die Erfindung eines Luftfahrzeugs „schwerer als Luft“, das er „Deutscher Adler“ nannte und das geradezu revolutionäre Merkmale hatte. Bekannt geworden war Bauer durch den Bau seiner Unterseeboote, die er Anfang der fünfziger Jahre auf dem Starnberger See ausprobierte. Wohl von patriotischen Gefühlen übermannt, entwarf er, mittlerweile an den Rollstuhl gefesselt, ein Flugzeug in Adlerform für zwei Personen. Mittels eines

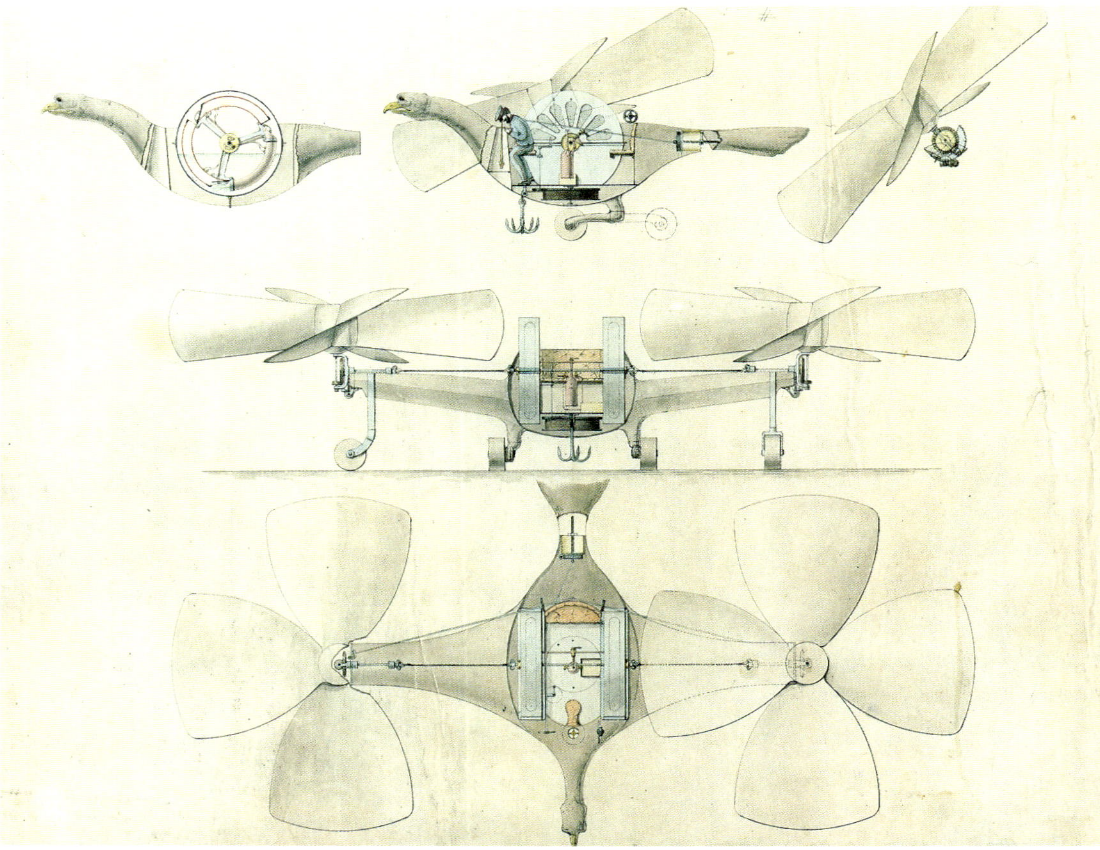

Kolorierter Plan des futuristischen Schwenkpropellerflugzeugs „Deutscher Adler“ von Wilhelm Bauer, 1870.

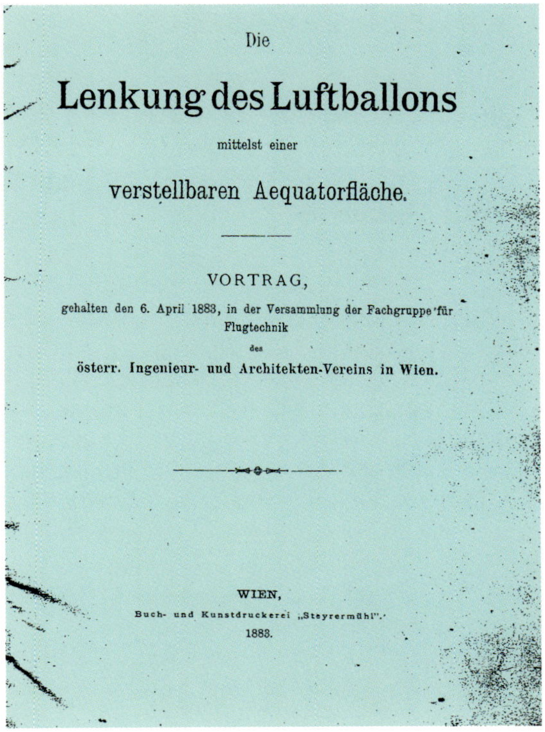

Die

Lenkung des Luftballons

mittelst einer

verstellbaren Aequatorfläche.

VORTRAG,

gehalten den 6. April 1883, in der Versammlung der Fachgruppe für Flugtechnik des österr. Ingenieur- und Architekten-Vereins in Wien.

WIEN,
Buch- und Kunstdruckerei „Steyrermühl".
1883.

Die Publikation von 1883, die Ludwig II. seinem Freund Brandt zum Lesen gab.

Ballonmedaille, um 1880.

Ludwig II., Zeichnung von Gräfin Pocci 1882; wohl einziges ungeschminktes Porträt des Königs.

Motors wären zwei Rotoren angetrieben worden, die, horizontal, dem Antrieb eines Hubschraubers gleich, das Flugzeug in die Luft gehoben hätten. Zum Weiterfliegen wäre die Position der Rotoren in die Vertikale versetzt worden. Der Vordermann wäre für die Beobachtung der feindlichen Linien zuständig gewesen, der hintere für Flug und Steuerung. Auf diese Weise wollte er entscheidend ins Kriegsgeschehen eingreifen:

„Jetzt wünsche ich nur, daß ich rasch circa tausend Thaler disponibel hätte, dann würde ich einen „Deutschen Adler" über Paris führen und der Festungswerke lachen und auf die unseren Geschützen noch zu fern liegende Stadt und Regierung einen Druck mittels Dynamit ausüben, welcher den Frieden dictiren würde ..."

Doch Bauer kam nicht zum Zuge, die Gegenseite aber setzte Ballons zur Aufklärung ein. Obwohl Bauer mit seinem Luftfahrzeug den „Frieden diktieren" wollte, so war sein Ansinnen doch ein frühes Beispiel der Nutzung der Flugtechnik für militärische Zwecke. Der „Deutsche Adler" Wilhelm Bauers steht am Anfang einer gigantischen Tötungsmaschinerie, deren Weiterentwicklung freilich damals noch niemand ahnen konnte. Sicher war diese Erfindung nicht im Sinne des äußerst pazifistischen bayerischen Königs, aber trotzdem, aufgrund der wissenschaftlichen Würdigung durch die Universität und vieler anderer Verdienste gewährte Ludwig II. dem mittlerweilen verbitterten und verarmten Wilhelm Bauer bis zu seinem Tode im Jahre 1875 einen Gnadensold.

Der stationäre Luftballon in Paris.

Der stationäre Luftballon.

Neptun, einer der Pariser Luftballons, ist bestimmt zur Beobachtung der feindlichen Bewegungen während der Belagerung, unter der Commandantur von Nadar als Capitain und Camille Dartois und Jules Durouf, seinen Lieutenants. Er steigt auf an dem Montmartre, am Fuße des Solferinothurmes und wird an Seilen festgehalten. Während der ersten Füllung des Ballons wurde unter den Zuschauern eine Sammlung zum Besten der Verwundeten veranstaltet, welche 165 Francs ergab. Der Neptun bleibt während der ganzen Belagerung im Dienst. Er ist außerhalb des Bereiches feindlicher Geschütze. Weiteres nichts bekannt.

Während der Belagerung von Paris durch das deutsche Heer im Jahr 1870 wurde in der Nähe von Montmartre der Ballon „Neptun" gestartet, um die feindlichen Bewegungen beobachten zu können, zeitgenössische Zeitungs-Illustration.

Viel wissenschaftlicher dagegen waren die Bestrebungen von Gustav Koch, einen lenkbaren Ballon zu entwickeln. Daß er am Ende scheiterte, ist eher auf unglückliche Umstände zurückzuführen denn auf mangelnden Sachverstand. Seine Ideen sind durchaus in den Bereich der vielen machbaren Projekte einzureihen, deren Entwicklung oder deren Scheitern letztlich eine Frage des Geldes oder der Mißgunst konkurrierender Aeronauten war.

Geboren am 4. Dezember 1843 in Salzburg, war Gustav Koch nur um zwei Jahre älter als König Ludwig II. Wann er nach München übersiedelte, ist nicht bekannt. Mit Datum vom 1. November 1882 reichte er sein Patent zur „Neuerung an Luftballons" mit der No 23658 im Kaiserlichen Patentamt ein.

Diese Neuerung bestand hauptsächlich darin, daß die Ballonhülle, statt aus Netzwerk, aus mit Kautschuk überzogenem Seiden- und Hanfgewebe bestehen sollte. Auf diese Weise sollten die durch den Druck des Netzwerkes an der oberen Hälfte des Ballons hervorgerufenen Unebenheiten vermieden werden und der Ballon eine glatte, ebene Fläche erhalten, durch die er die Luft leichter und geschmeidiger durchschneiden konnte. Ferner sollte die eigentliche Ballonhülle bedeutend geschont und die Diffusion der Gase durch dieselbe wesentlich verringert werden. Zusätzlich dazu würde die Hülle bei einem eventuellen Platzen des Ballons einen wirksamen Fallschirm bilden.

Interessant ist die von Koch beigegebene Zeichnung: Hatte der Ballon auch in gewisser Hinsicht Ähnlichkeit mit dem von Giffard 1852 gebauten Luftschiff, den 1872 entwickelten Modellen von Haenlein und Dupuy de Lomes sowie den parallel entstandenen Modellen von Tissandier und Wölfert, so muß man Gustav Koch doch eine eigenständige Konstruktion zugestehen.

Im Dezember dann erarbeitet er einen „Prospekt und Kostenvoranschlag zur Herstellung eines lenkbaren Luftschiffes". Nach seiner Vorstellung sollte der mit Wasserstoff gefüllte Ballon über zwei Flügelräder, die von einer achtpferdigen Gaskraftmaschine betrieben wurden, in Bewegung gesetzt werden. Die gesamten Kosten zur Herstellung errechnete er auf ca. 60 000 Mark.

Um dem Projekt eine gewisse Rentabilität zu verleihen, schlug er eine Nutzung zu Ausflügen in die Umgebung Münchens vor – als Touristenattraktion sollte sein Ballon den Fremdenverkehr in und um München mehren. Laufende Betriebskosten wurden mit ca. 30 000 Mark veranschlagt, denen ca. 36 000 Mark Einnahmen gegenübergesetzt wurden. Das Ergebnis hätte demnach einen Überschuß von ca. 6 000 Mark ergeben. Doch nicht nur der Stadt München schien Gustav Koch diesen Vorschlag vorgelegt zu haben, denn in einem Schreiben vom 13. Januar 1883 beschäftigte sich der „Deutsche Verein zur Förderung der Luftschifffahrt" in Berlin eingehend und durchaus sehr positiv mit Kochs Unterlagen, bedauerte aber, das Projekt aus Mangel an Mitteln finanziell nicht verwirklichen zu können. Man verwies Koch an das Militär oder eventuell an einen reichen Mäzen, nicht zuletzt empfahl man ihm, sich an den König zu wenden: *„Interessiert sich Ihr König nicht für dergleichen Unternehmen, die doch sicher einen großartig patriotisch-militärischen Hintergrund haben?"* Ob Koch diesen Rat befolgte, ist nicht bekannt; die zur gleichen Zeit in der Korrespondenz zwischen Ludwig II. und Friedrich Brandt auftauchenden Hinweise lassen dies aber vermuten. Anfang 1883 hatte Ludwig ihm einen Aufsatz zur Flugtechnik von einem Professor Zehden zukommen lassen und freute sich, daß dieser Beitrag sein Interesse so erregt hatte. Auch den am 6. April 1883 in Wien vor der Versammlung der Fachgruppe für Flugtechnik gehaltene Vortrag über „Die Lenkung des Luftballons mittels einer

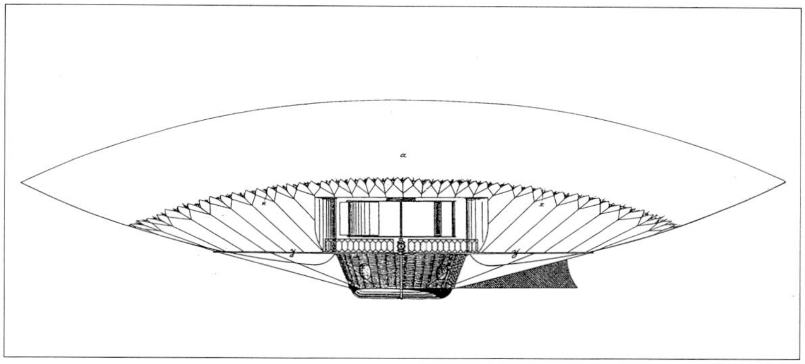

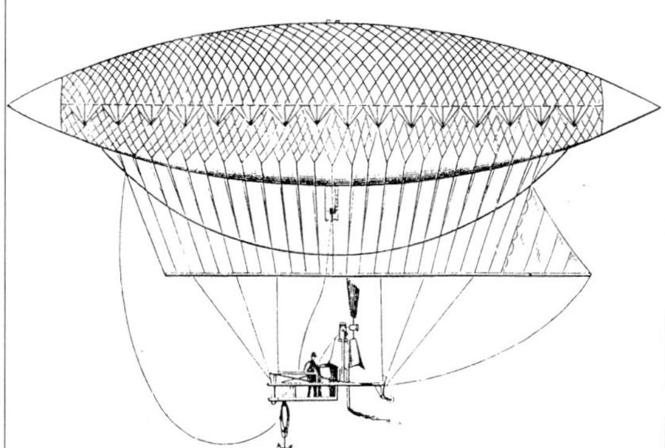

Giffards Luftschiff, 1852.

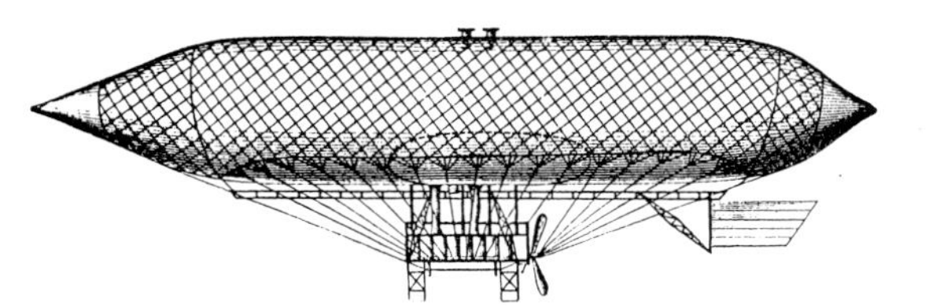

Haenleins Luftschiff, 1872.

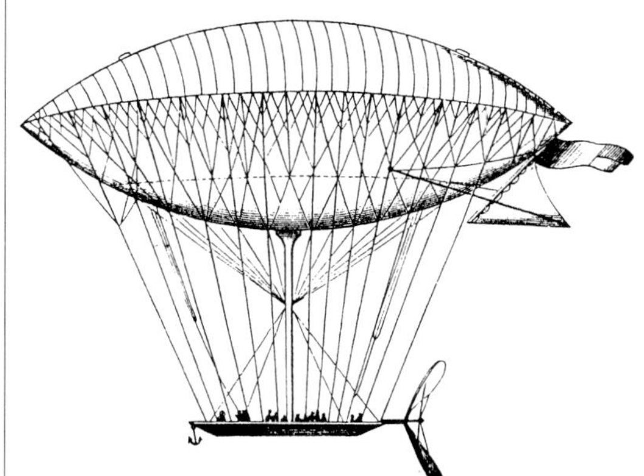

Dupuy de Lômes Luftschiff, 1872.

Entwurf zu Gustav Kochs lenkbarem Ballon (oben), Zeichnung seiner Patentschrift, zeitgenössische Holzstich-Illustration.

Luftschiff-Projekte von Henri Giffard (1852), Dupuy de Lome, (1872) und Paul Hänlein (1872).

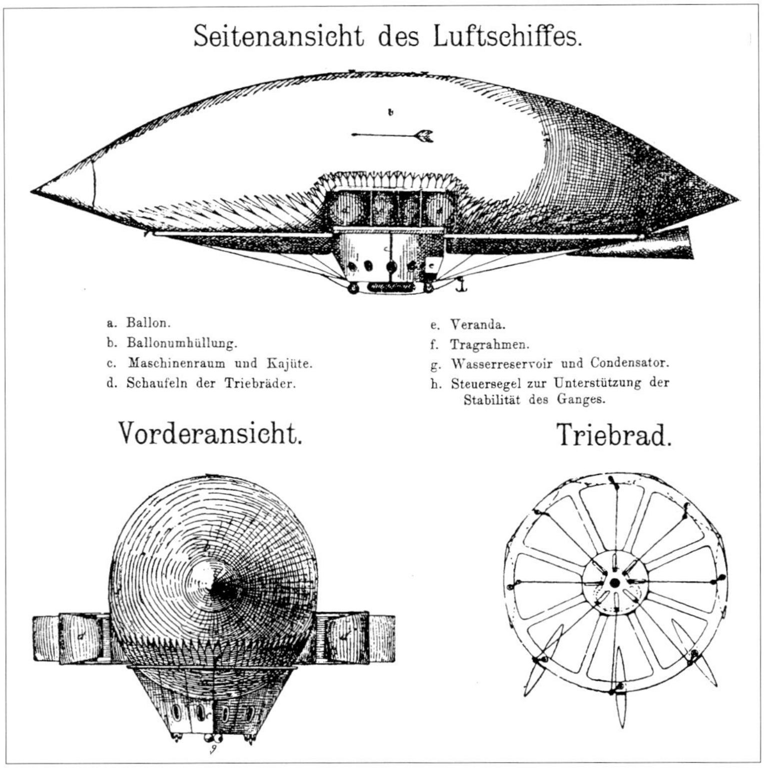

Ansichten des lenkbaren Ballons nach Gustav Koch mit Schaufelradantrieb, Illustration aus seinem Werk „Beitrag zur Bedürfnis- und Nützlichkeitsfrage der praktischen Luftschiffahrt", München 1883.

König Ludwig II. um 1874.

verstellbaren Aequatorfläche" ließ sich Ludwig kommen und reichte ihn an Fritz Brandt weiter. Ob, und wenn ja wie Ludwig den Kochschen Versuch unterstützte, konnte bis heute nicht geklärt werden.

Gustav Koch jedenfalls wandte sich wenige Tage später mit einem Schreiben an den Polytechnischen Verein in München und bat, unter Verweis auf die positive Aufnahme seines Projektes bei hiesigen und auswärtigen Autoritäten, um eine finanzielle Unterstützung zur Weiterentwicklung seines Projektes. Der Polytechnische Verein schien nicht uninteressiert, und so bat sein Vorstand am 9. Februar sowohl den „Deutschen Verein zur Förderung der Luftschiffahrt" in Berlin wie auch den „Österreichischen Architekten und Ingenieur-Verein, Gruppe für Flugtechnik und Ballone", um Unterlagen und Stellungnahme zum Projekt Koch, Unterlagen, die dem Verein umgehend zugestellt wurden. Doch Gustav Koch ging die ganze Angelegenheit zu langsam voran und so veranlaßte er den Druck eines Heftchens als „Beitrag zur Bedürfnis- und Nützlichkeitsfrage der praktischen Luftschiffahrt", das er dem Polytechnischen Verein am 26. März mit dem Hinweis zusandte:

„Die geringe Interessennahme des Publikums am Gegenstand meines Projektes veranlaßte mich zur Herausgabe einliegender Broschüre, deren Ertrag zur Herstellung eines funktionierenden Modelles eines lenkbaren Luftschiffes nach meiner Idee dienen soll."

Der Grund dafür, daß Koch so lange auf eine Antwort seitens des Polytechnischen Vereins warten mußte, könnte ein anonymes Schreiben sein, das Anfang 1883 in München auftauchte, Koch zwar als einen genial angelegten Kopf bezeichnete, aber auch als einen Schwindler ersten Ranges, dessen Charakter und Moral unter aller Kritik sei. Jeder Kapitalist, der vorhaben sollte, sich bei Koch finanziell zu beteiligen, wurde ernsthaft gewarnt, ja recht vorsichtig zu sein und sich sicherzustellen, bevor er sich mit dem Genannten auf etwas einlassen würde. Nachdem diesem Schreiben in den weiteren Aufzeichnungen und Beurteilungen Kochs kein Wert beigemessen wird, ist zu vermuten, daß es sich um eine Hetz-

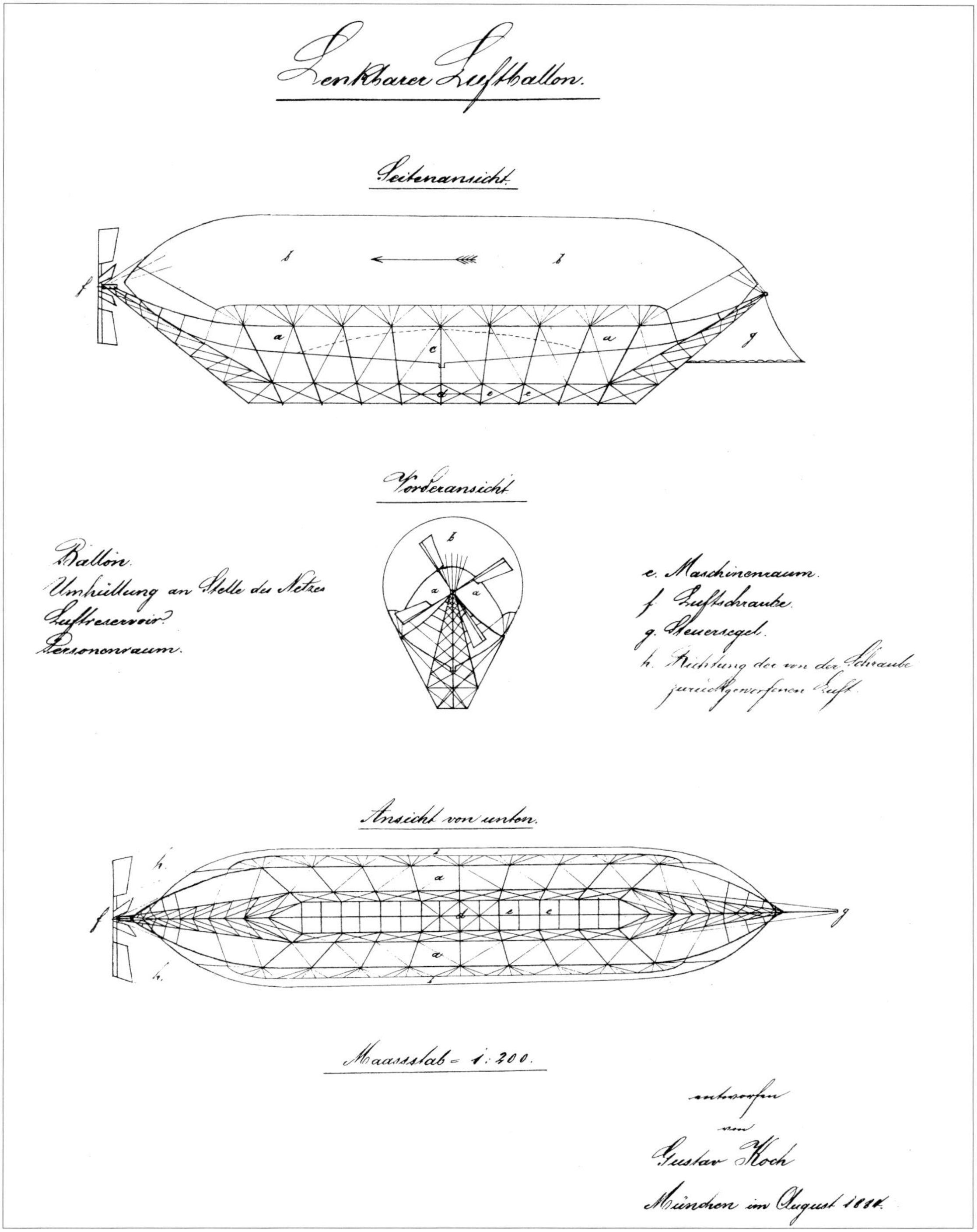

Projektzeichnung von Gustav Koch zu seinem lenkbaren Ballon mit Einzelpropeller-Antrieb, August 1884; dieses Projekt wurde als Modell gebaut und im Münchner Glaspalast vorgeführt.

schrift handelte, von Gegnern oder Konkurrenten verfaßt, die ein Interesse hatten, seinem Projekt zu schaden.

Koch benutzte die folgende Zeit, um weiter an seinem Modell zu arbeiten und es zu verbessern. Hierbei sind nun als wichtigste Neuerung zwei Antriebsschrauben zu nennen, welche die Lenkbarkeit bedeutend verbessern sollten, wie aus einem weiteren Schreiben an den Polytechnischen Verein vom 26. März hervorgeht. Eine finanzielle Unterstützung muß ihm inzwischen auch zugetragen worden sein, da er den motorischen Mechanismus hatte vollenden können und ihn im Maßstab 1:50 im „Hotel zum Bayerischen Hof" zur Schau stellte.

Mit Hinweis auf die Mitarbeit von Professor Schroeter vom Polytechnischen Verein bat er diesen erneut, sich doch an den Kosten zu beteiligen und lud im gleichen Zusammenhang alle Mitglieder ein, in seinem Atelier, im „Hotel zum Bayerischen Hof", einem Versuch im Laufe des kommenden Monats beizuwohnen. Der Polytechnische Verein schien nun doch hellhörig geworden zu sein, und so erging ein Schreiben an das bayerische Kriegsministerium mit einem lobenden Hinweis auf die Kochsche Arbeit.

Doch wieder kam er in einen finanziellen Engpaß, da die einzelnen Teile zum Bau seines Modells teurer waren als erwartet. So bat er erneut am 4. Mai den Vorstand, ihm doch eine Unterstützung von 500 Mark zur Vollendung seines Projektes zur Verfügung zu stellen, aber außer einer erneuten Zusage auf weitere moralische Unterstützung mußte Gustav Koch leer ausgehen: „Der Polytechnische Verein verfüge leider über keine Mittel zur Finanzierung von Erfindungen!" Doch Koch gab nicht auf, und so gelang es ihm im ersten Halbjahr 1884, sein Modell, inzwischen nur noch mit einem einzigen Propeller als Antrieb, fertigzustellen. Gleichzeitig erschien seine Schrift mit dem Titel: „Beschreibung und Motivirung der Construktion des Koch'schen Luftschiffes (lenkbarer Luft-Ballon)". Nun stand einem Versuch nichts mehr im Wege, der dann, nach einigen erneuten Terminschwierigkeiten, am 9. August stattfand – zufällig am gleichen Tag, an dem das Renard- und Krebsche lenkbare Luftschiff seine erste Probefahrt machte.

Koch startete im Münchner Glaspalast eine Reihe von Versuchen mit einem Modell seines lenkbaren Luftschiffes. Dies bestand aus einem zigarrenförmigen Ballon, dessen Lenkbarkeit mittels motorbetriebener Windschrauben bewerkstelligt werden sollte. Die Dimensionen des Modells gestatteten es nicht, einen wirklichen Motor einzubauen, auch fehlten ja Koch die Mittel, denselben herzustellen. So mußten Schrauben und Steuer durch Handbetrieb in Bewegung gesetzt werden – obendrein war es nötig, dies durch ein Kind zu bewerkstelligen, welches nicht über das tragfähige Gewicht hinausging. Nach längerem Suchen fand sich ein dreieinhalbjähriger Münchner Knabe, der die nötige Intelligenz und Furchtlosigkeit besaß, sich dem Ballon anzuvertrauen und ihn zu lenken. Die Probefahrten gelangen, unter Berücksichtigung der angeführten Umstände, erstaunlich gut. Zwei Wochen lang konnten nun Tausende ohne Zwischenfall die Probefahrten seines lenkbaren Ballons miterleben: allerhöchste und höchste Herrschaften, Angehörige des Offiziercorps, Minister und Professoren der Technik. Koch erhielt von allen Seiten die anerkennendsten Zeugnisse.

Am 10. September führte er sein Modell auch in Stuttgart vor. Ein Bericht in der „Schwäbischen Chronik" erläutert uns Einzelheiten seines Versuchs:

„Stuttgart, 11. Sept. Nicht Luftballon, sondern Luftschiff nennt Hr. G. Koch sein neu konstruirtes Fahrzeug im Reiche der Lüfte. Der gestern Abend im Hauptraume der Gewerbehalle stattgefundenen Probe wohnte der Staatsmin. des Innern v. Hölder, viele hohe Verwaltungsbeamte, Techniker, Geschäftsleute, Gelehrte u.s.w. bei. Das Luftschiff weicht in allen wesentlichen Beziehungen vom bisherigen Ballon ab. Der mit Gas gefüllte Ballon ist allerdings noch vorhanden, aber er hat die Form einer riesigen Zigarre, einer Walze angenommen, die etwa mit einem horizontalen Selterswasserkrug Aenlichkeit hat. Nur in dieser Form kann an eine Lenkbarkeit des Ballons gedacht werden. Vorläufig bleibt dieser immer

noch der Träger der Gesamtlast. Um das Luftschiff in Bewegung zu setzen, sind zwei, mit einer Kurbel zu bewegende Flügelräder angewendet; die Flügelräder sind so konstruirt, wie man es vom Fluge der Vögel abzulauschen gesucht. Die dritte große Neuerung ist das Steuersegel, das am stumpfen Ende des Ballons angebracht worden und verstellbar ist. Durch ca. 140 Kubikm. Gas wird das Luftschiff so leicht gemacht, daß es sich ziemlich rasch hebt, wenn es nur mit dem kleinen Luftschiffer, der das Flügelrad zu bewegen hat, bemannt ist. Um den Ballon zu verhindern, daß er höher steigt, als wegen des Brunnens in der Mitte erforderlich ist, wird er an dünnen Schnüren gehalten. Das Segel ist so gestellt, daß das Luftschiff einen Bogen machen muß. Aus der ganzen Anlage erhellt, daß man es mit einem Versuchsballon, mit einem im großen Maßstab ausgeführten Modell zu thun hat. Als Triebkraft läßt sich eine (bereits vorhandene) Dampfmaschine, die nur 18 Pfund schwer ist, eine Gaskraftmaschine u. dgl. denken. Die Bewegbarkeit und die Lenkbarkeit wurden von Hrn. Koch gestern nachgewiesen. Die Art und Weise, wie die Gondel befestigt ist, wie das Gewicht derselben im Verhältnis zum Ballon angebracht worden, ersteht sich am besten an Ort und Stelle. Nach der Ansicht des Erfinders selber ist das Luftschiff der Zukunft nicht ein lenkbarer Luftballon, sondern die dynamische Flugmaschine. Die neue Form des Luftballons ist nur die unumgängliche Etappe zur endlichen Erreichung dieses Zieles.“

Interessant ist der Hinweis auf die Idee der dynamischen Flugmaschine am Ende des Artikels, ein Projekt, das ihn einige Jahre später noch beschäftigen sollte, mit dem er sich aber offenbar schon zum Zeitpunkt seiner Ballonversuche befaßt haben muß. Wie in München, war auch in Stuttgart das Interesse sehr groß: 600 Personen sollen allein an einem Tag das 17 Meter lange Luftfahrzeug besichtigt und sich von seiner Brauchbarkeit überzeugt haben. Nur seitens des Polytechnischen Vereins in München scheint das Interesse gering geblieben zu sein, wie Koch in einem Brief an denselben bemängelnd anführt. Er erhielt erneute finanzielle Zusagen und erstellte ein neues, umfassendes Gutachten, unter Berücksichtigung aller bei den Versuchen gemachten Erfahrungen. Eine erneute Kostenberechnung belief sich nun auf ca. 7 000 Mark und lag damit deutlich unter dem Kostenvoranschlag seines ersten Projektes von 1882 (der ca. 60 000 Mark veranschlagte). Koch war sich vermutlich bewußt geworden, wie viele Probleme die Konstruktion eines Ballons in Originalgröße mit sich bringen würde, und daß, bevor er an die Planung dieses reellen Ballons gehen konnte, seine Flugtüchtigkeit erst in einem größeren Modell voll nachgewiesen sein mußte.

Doch weder die von ihm angeführten Vergleichszahlen anderer Aeronauten, noch der Hinweis auf die fachmännischen Gutachten der Herren Prof. Schroeter und Dr. v. Beetz vom Münchner Politechnikum, des Herrn Prof. Dr. von Zech von der Technischen Hochschule Stuttgart sowie Herrn Professor von Bezold, konnten bei seiner erneuten Bitte um Hilfestellung für die Entwicklung eines größeren Modells die Herren beeindrucken: Am 6. November 1884 *„beehrt“* sich der Ausschuß des Polytechnischen Vereins, Herrn Koch *„ergebenst mitzuteilen“*, daß der einstimmige Entschluß gefaßt sei, auf sein Gesuch *„nicht weiter eingehen zu sollen“*. Die den Herren mitgeteilte Beschreibung und Zeichnung des Ballons folgten zurück! Eine Begründung blieb aus.

Die Herren vom Polytechnischen Verein schienen also in keiner Weise risikofreudig gewesen zu sein. Daß in Berlin, Wien oder Paris an ähnlichen Projekten mit gleich guten Resultaten gearbeitet wurde, blieb unberücksichtigt – der Polytechnische Verein schien die Entwicklung regelrecht verschlafen zu wollen.

Auch von seiten des Königs konnte Koch keine Unterstützung erwarten, schon gar nicht finanzieller Art, da Ludwig zu dem Zeitpunkt mit seiner Kasse schon in arge Schwierigkeiten geraten war. Daß das Militär nicht mehr Interesse zeigte, ist erstaunlich, zumal wenig später bayerische Ingenieur-Offiziere nach Berlin beordert wurden, um sich dort die Handhabung des Ballons im Nachrichten- und Beobachtungsdienst anzueignen.

Wie kam es zu diesem plötzlichen Sinneswandel? Im Lichte der damaligen Ereignisse betrachtet, drängt sich einem die Frage auf, ob die Gründe hierfür nicht im wohl einschneidendsten politischen Moment jener Jahre zu suchen sind: der Entmachtung König Ludwig II. von Bayern.

Interessant ist, daß das Kochsche Flugprojekt, das ja vermutlich von Ludwig heimlich mitfinanziert worden war, ausgerechnet zu dem Zeitpunkt von offizieller Seite zu Fall gebracht wurde, als die Bestrebungen einsetzten, den König zu entmachten. In dem im Jahre 1886 gegen ihn erstellten Gutachten zu seinem Gesundheitszustand heißt es dann auch, wohl Jakob Kaiserers Flugidee von 1799 vor Augen, unter anderem:

„… in das Gebiet überwuchernder und die Schranken der Wirklichkeit und Möglichkeit ganz außer Acht lassender Phantasie würde denn auch wie so vieles andere … der geäußerte lebhafte Wunsch seiner Majestät zu verweisen sein in einem von Pfauen gezogenen Wagen durch die Luft zu fliegen, der dem Maschinenmeister Brandt erteilte allerhöchste Auftrag, eine Flugmaschine zu Fahrten über den Alpsee bei Hohenschwangau anzufertigen …“

Wie oberflächlich dieses sogenannte Gutachten erstellt worden war, beweist schon allein die eigenartige Interpretation des von Ludwig gewünschten „Flugobjektes“. Sowohl die ärztliche Kommission als auch später die Kammer der Reichsräte in ihrer 38. Sitzung, hätten durch einfaches Überprüfen des Materials, das als Gegenbeweis seiner Krankheit von Hornig angeführt wurde, die Unsinnigkeit ihrer Aussagen erkennen müssen; doch war dies nicht im Sinne des gesetzten Zieles, und so mußte eine durchaus zeitgemäße technische Forschung und Entwicklung um jeden Preis als Hirngespinst dargestellt werden. Vielleicht ist dies auch der Grund dafür gewesen, daß die besagten Unterlagen kurz nach Ludwigs Tod verschwanden und erst viel später, zusammen mit Unterlagen über Herrenchiemsee, völlig aus dem Zusammenhang gerissen, wieder auftauchten. Allein die Zeit arbeitet für Ludwig, und die Nachwelt hat heute die Möglichkeit, durch das objektive Studium der Akten die

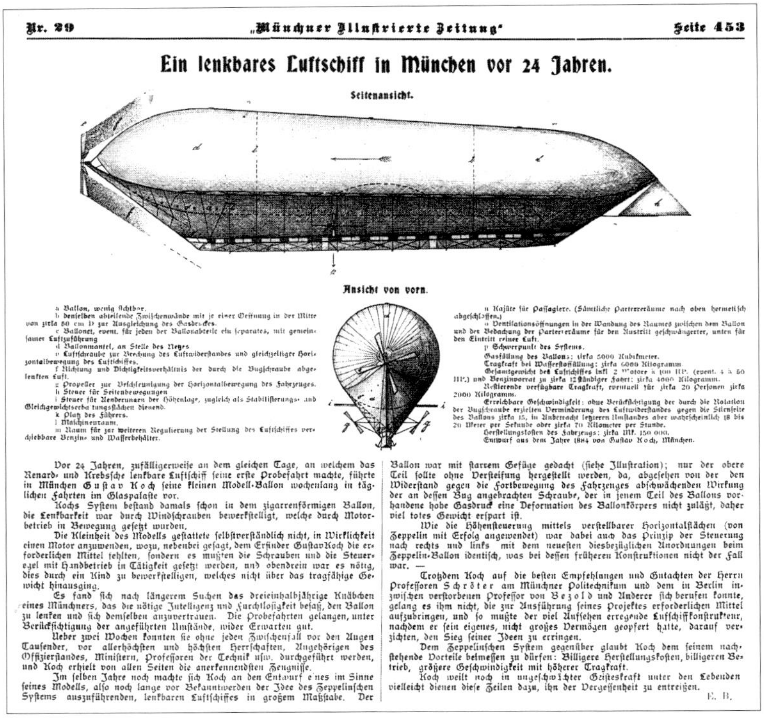

Nr. 29 „Münchner Illustrierte Zeitung“ Seite 453

Ein lenkbares Luftschiff in München vor 24 Jahren.

Seitenansicht.

Ansicht von vorn.

a Ballon, wenig sichtbar.
b denselben abteilende Zwischenwände mit je einer Oeffnung in der Mitte von zirka 60 cm D zur Ausgleichung des Gasdruckes.
c Ballonet, event. für jeden der Ballonabteile ein separates, mit gemeinsamer Luftzuführung
d Ballonmantel, an Stelle des Netzes.
e Luftschraube zur Brechung des Luftwiderstandes und gleichzeitiger Horizontalbewegung des Luftschiffes.
f Richtung und Dichtigkeitsverhältnis der durch die Bugschraube abgelenkten Luft.
g Propeller zur Beschleunigung der Horizontalbewegung des Fahrzeuges.
h Steuer für Seitenbewegungen
i Steuer für Aenderungen der Höhenlage, zugleich als Stabilisierungs- und Gleichgewichtserhaltungsflächen dienend.
k Platz des Führers.
l Maschinenraum.
m Raum für zur weiteren Regulierung der Stellung des Luftschiffes verschiebbare Benzin- und Wasserbehälter.
n Kajüte für Passagiere. (Sämtliche Parterreräume nach oben hermetisch abgeschlossen.)
o Ventilationsöffnungen in der Wandung des Raumes zwischen dem Ballon und der Bedachung der Parterreräume für den Austritt geschwängerter, unten für den Eintritt reiner Luft.
p Schwerpunkt des Systems.
Gasfüllung des Ballons: zirka 5000 Kubikmeter.
Tragkraft bei Wasserstoffüllung: zirka 6000 Kilogramm.
Gesamtgewicht des Luftschiffes inkl. 2 Motore à 100 HP. (event. 4 à 50 HP.) und Benzinvorrat zu zirka 12stündiger Fahrt: zirka 4000 Kilogramm.
Restierende verfügbare Tragkraft, eventuell für zirka 20 Personen zirka 2000 Kilogramm.
Erreichbare Geschwindigkeit: ohne Berücksichtigung der durch die Rotation der Bugschraube erzielten Verminderung des Luftwiderstandes gegen die Stirnseite des Ballons zirka 15, in Anbetracht letzteren Umstandes aber wahrscheinlich 18 bis 20 Meter per Sekunde oder zirka 70 Kilometer per Stunde.
Herstellungskosten des Fahrzeugs: zirka Mk. 150 000.
Entwurf aus dem Jahre 1884 von Gustav Koch, München.

Vor 24 Jahren, zufälligerweise an dem gleichen Tage, an welchem das Renard- und Krebssche lenkbare Luftschiff seine erste Probefahrt machte, führte in München Gustav Koch seine kleinen Modell-Ballon wochenlang in täglichen Fahrten im Glaspalaste vor.

Kochs System bestand damals schon in dem zigarrenförmigen Ballon, die Lenkbarkeit war durch Windschrauben bewerkstelligt, welche durch Motorbetrieb in Bewegung gesetzt wurden.

Die Kleinheit des Modells gestattete selbstverständlich nicht, in Wirklichkeit einen Motor anzuwenden, wozu, nebenbei gesagt, dem Erfinder Gustav Koch die erforderlichen Mittel fehlten, sondern es mußten die Schrauben und die Steuerkegel mit Handbetrieb in Tätigkeit gesetzt werden, und obendrein war es nötig, dies durch ein Kind zu bewerkstelligen, welches nicht über das tragfähige Gewicht hinausging.

Es fand sich nach längerem Suchen das dreieinhalbjährige Knäbchen eines Münchners, das die nötige Intelligenz und Furchtlosigkeit besaß, den Ballon zu lenken und sich demselben anzuvertrauen. Die Probefahrten gelangen, unter Berücksichtigung der angeführten Umstände, wider Erwarten gut.

Ueber zwei Wochen konnten sie ohne jeden Zwischenfall vor den Augen Tausender, vor allerhöchsten und höchsten Herrschaften, Angehörigen des Offizierstandes, Ministern, Professoren der Technik usw. durchgeführt werden, und Koch erhielt von allen Seiten die anerkennendsten Zeugnisse.

Im selben Jahre noch machte sich Koch an den Entwurf eines im Sinne seines Modells, also noch lange vor Bekanntwerden der Idee des Zeppelinschen Systems auszuführenden, lenkbaren Luftschiffes in großem Maßstabe. Der Ballon war mit starrem Gefüge gedacht (siehe Illustration); nur der obere Teil sollte ohne Versteifung hergestellt werden, da, abgesehen von der den Widerstand gegen die Fortbewegung des Fahrzeuges abschwächenden Wirkung der an dessen Bug angebrachten Schraube, der in jenem Teil des Ballons vorhandene hohe Gasdruck eine Deformation des Ballonkörpers nicht zuläßt, daher viel totes Gewicht erspart ist.

Wie die Höhensteuerung mittels verstellbarer Horizontalflächen (von Zeppelin mit Erfolg angewendet) war dabei auch das Prinzip der Steuerung nach rechts und links mit dem neuesten diesbezüglichen Anordnungen beim Zeppelin-Ballon identisch, was bei dessen früheren Konstruktionen nicht der Fall war. —

Trotzdem Koch auf die besten Empfehlungen und Gutachten der Herrn Professoren Schröter am Münchner Politechnikum und dem in Berlin inzwischen verstorbenen Professor von Bezold und Anderer sich berufen konnte, gelang es ihm nicht, die zur Ausführung seines Projektes erforderlichen Mittel aufzubringen, und so mußte der viel Aufsehen erregende Luftschiffkonstrukteur, nachdem er sein eigenes, nicht großes Vermögen geopfert hatte, darauf verzichten, den Sieg seiner Ideen zu erringen.

Dem Zeppelinschen System gegenüber glaubt Koch dem seinem nachstehende Vorteile beimessen zu dürfen: Billigere Herstellungskosten, billigeren Betrieb, größere Geschwindigkeit mit höherer Tragkraft.

Koch weilt noch in ungeschwächter Geisteskraft unter den Lebenden vielleicht dienen diese Zeilen dazu, ihn der Vergessenheit zu entreißen.

E. B.

Münchner Illustrierte Zeitung von 1908 über Gustav Kochs Versuche von 1884 im Glaspalast.

Eher kurios muten die Ideen Gustav Kochs für einen Vogelmenschen (rechts) oder ein Flugzeug mit Schlagflügeln an (rechts unten), die in zeitgenössischen Publikationen veröffentlicht wurden.

wahren Zusammenhänge zu erkennen und zu bewerten.

Wie auch die Zusammenhänge gewesen sein mögen, erstaunlich ist die Tatsache, daß Koch nach der Absage des Polytechnischen Vereins bis zum Tode Ludwigs mit seinem Projekt nicht mehr an die Öffentlichkeit trat, mehr noch, daß er das gesamte Projekt „lenkbarer Ballon“ aufgab und sich fortan dem Studium des „dynamischen Fluges“ widmete. Zu dieser Thematik veröffentlichte er kurz nach Ludwigs Tod einen erneuten Aufsatz unter dem Titel: „Populäre Abhandlung über die Flugfrage und die Möglichkeit dynamischen Fluges“. Zwei interessante Illustrationen begleiten diese Schrift. Eine nimmt praktisch die Flugversuche von Otto Lilienthal vorweg, wobei Koch die Möglichkeit des persönlichen Fluges nicht ausschließt, die Fähigkeit dazu jedoch nur Akrobaten oder ähnlich günstig veranlagten Individuen zutraut. Mit der zweiten Illustration stellt er uns eine Dampfflugmaschine vor. Diese ist, zur Erlangung einer Anfangsgeschwindigkeit auf Rädern montiert und bestimmt, von einer abgeschnittenen, ca. 20 Meter hohen Brücke zu starten, um dann durch Fallkraft und unter Mitwirkung einer Dampfmaschine von 20 Pferdestärken (4 für das zur Steuerung dienende Flügelrad und 16 für die Bewegung der Flügel) mit einer Geschwindigkeit von 20 bis 25 Meter pro Sekunde sich eine

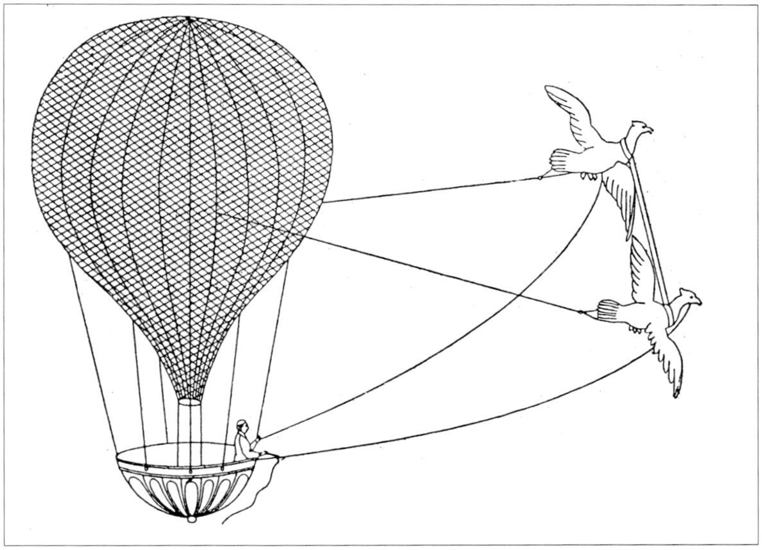

Jakob Kaiserers Vorschlag, einen Luftballon durch Adler zu lenken, zeitgenössischer Holzstich 1799; diese eher skurrille Idee inspirierte wohl die Kommission zu der irrigen Annahme im psychiatrischen Gutachten über König Ludwig II., er wolle einen von Pfauen gezogenen Wagen bauen lassen.

Nur fünf Jahre nach Ludwigs Tod gelang Otto Lilienthal 1891 sein erster Gleitflug.

Stunde lang in der Luft fortzubewegen. Das Gewicht dieser Maschine schätzte er, einschließlich einer Person, auf ca. 600 kg, die Flügelfläche auf ca. 80 Quadratmeter.

Es ist schon erstaunlich, daß ein Mensch, nach jahrelanger Entwicklung einer recht positiv zu bewertenden Idee, plötzlich auf eine so eigenwillige und zum Scheitern verurteilte Konstruktion verfällt. An eine Realisierung derselben begab er sich dann aber doch nicht, sondern betätigte sich weiter im Entwickeln neuer Ideen. Schon ein Jahr später, 1887, erschien sein Werk: „Der Weg zur Lösung des Flugproblems", in dem er sich ebenfalls mit dem Problem des dynamischen Flugs befaßte. Zu diesem Werk entwarf er ein Modell, das durchaus wieder den Bereich des Machbaren erreichte, was ihm auch vom ordentlichen Professor der theoretischen Maschinenlehre an der „Königlich Technischen Hochschule" in München, Prof. M. Schröter, anerkannt wurde.

Sicherlich beeinflußt von Otto Lilienthals Buch *„Der Vogelflug als Grundlage der Fliegekunst"* und durch die von ihm angestellten Versuche entwickelte Koch dann in den folgenden Jahren bis 1889 einen „Apparat zur Erlernung der Kunst des Luftsegelns", den er der Öffentlichkeit in seinem Buch „Neue Bahnen" 1891 vorstellte. Im gleichen Jahr begann Lilienthal mit seinen Gleitflugversuchen, die ihn 1896 das Leben kosteten.

Der bayerische Flugpionier Alois Wolfmüller bei einem seiner Flugversuche im Jahr 1907.

Ein enger Freund Lilienthals war der 1864 in Landsberg geborene und in München-Pasing lebende Alois Wolfmüller. Er führte eine rege Korrespondenz mit Lilienthal, und so wundert nicht, daß er nach dessen Tod versuchte, die Entwicklung des Gleiters weiterzuführen. Obwohl er mehrere Patente anmeldete und auch brauchbare Resultate erzielte, wurde er wie Gustav Koch zeitlebens von finanziellen Sorgen geplagt und so scheiterte er wie viele vor und nach ihm.

Gustav Koch entwickelte 1893 eine völlig neue Version zu einem Schaufelradflieger, dem „Luftschiff der Zukunft": eine Kombination von Lilienthals Flügeln mit zwei zur Fortbewegung dienenden Schaufelrädern, wie er sie ähnlich schon bei seinem ersten Ballonprojekt vorgesehen hatte. Dieses Gerät ließ er 1892 unter der Nummer 73603 vom Kaiserlichen Patentamt patentieren und stellt es dann 1896 der breiten Öffentlichkeit vor, zusammen mit einem Buch mit dem Titel: „Die Lösung des Flugproblems in physikalischer und maschinentechnischer Hinsicht", das er mit dem Anhang „Nutzen und Folgen praktischer Luftschiffahrt" beschloß. Die Schaufelräder waren mit beweglichen Schaufeln versehen, welche, bei ihrer Umdrehung auf die Luft schlagend, den erforderlichen Antrieb liefern sollten. Koch ließ sich das von ihm entworfene Flugrad vom Ingenieur Alexander Schirmann im Fahrradsystem kon-

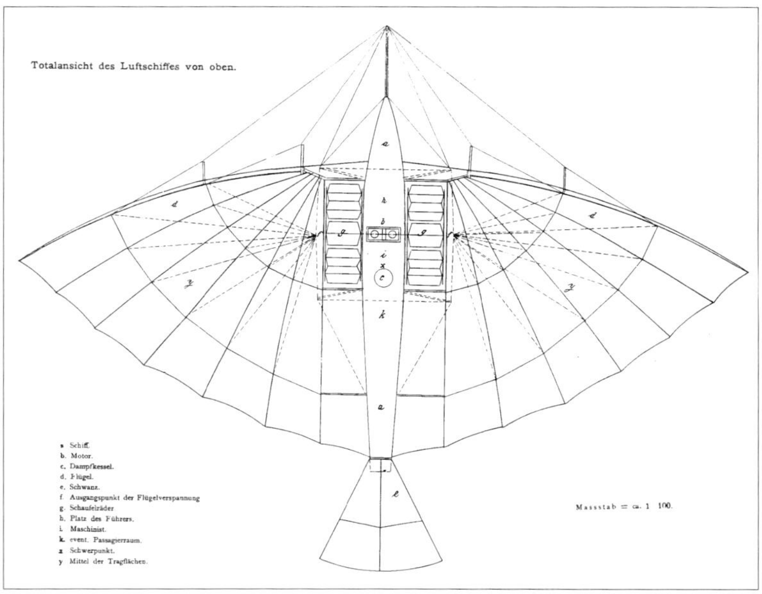

Flugzeugprojekt von Gustav Koch.

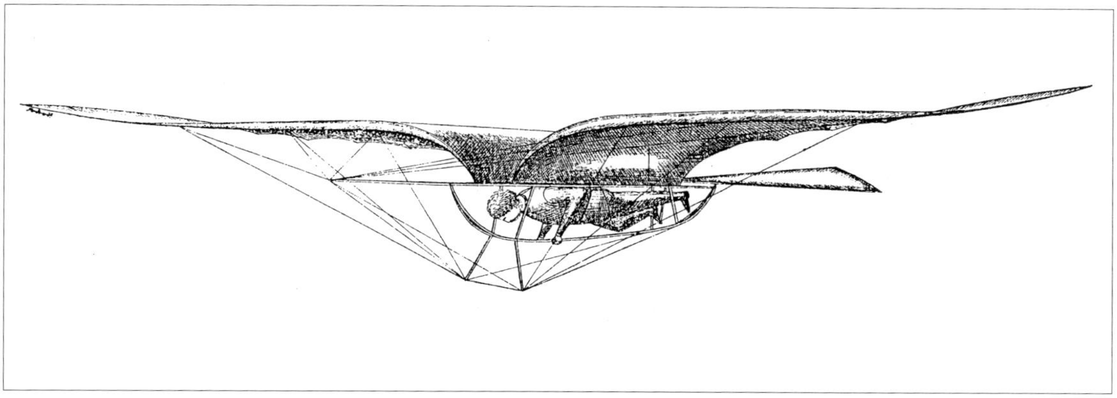

Gustav Koch vor seinem Versuchsstand für den Schaufelradantrieb und weitere drei Entwürfe aus seiner Feder: ein Gleiter, ein Schaufelradflugzeug und das Konzept eines Turboflugzeugs.

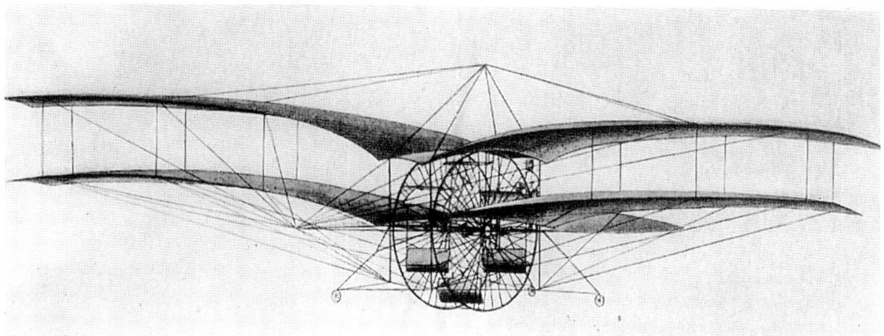

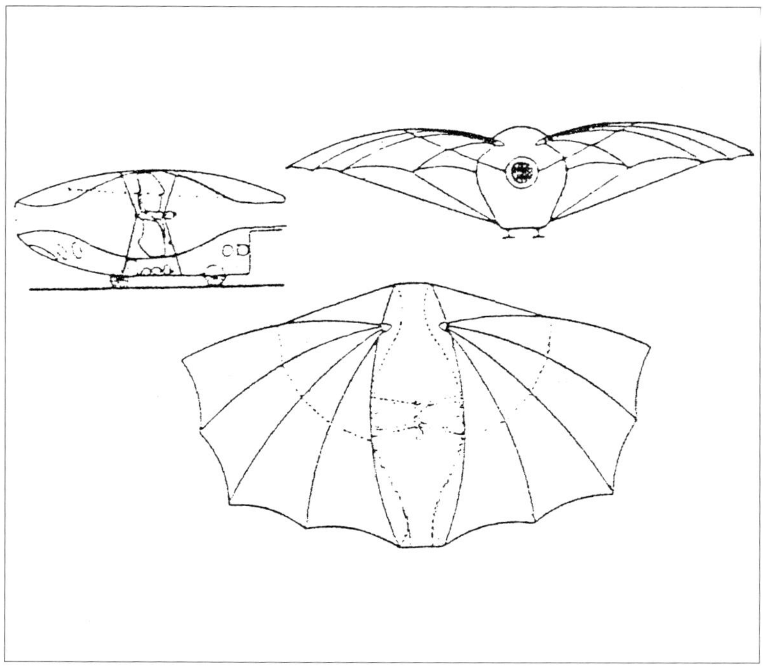

struieren. Das innerhalb eines doppelten Stahlrohrrahmens gelagerte Schaufelrad sollte zugleich Lauf- und Schwungrad sein, an dessen Achse der mehrzylindrische Benzinmotor, wie überhaupt das ganze Gewicht des Apparates aufgehängt war.

Rein optisch hatte dieses Fluggerät eine große Ähnlichkeit mit dem 1896 in Amerika entwickelten Gleitflugapparat des 1874 im mittelfränkischen Leutershausen in Bayern geborenen Gustav Weißkopf. Es wird behauptet, daß ihm mit einem solchen vogelähnlichen Eindecker mit der „Nr. 21" am 14. August 1901 der erste Motorflug der Welt gelungen sei, aber dafür gibt es keine stichhaltigen Beweise.

Werbung für Vergnügungsfahrten mit einem Parseval-Luftschiff über München, Postkarte um 1905.

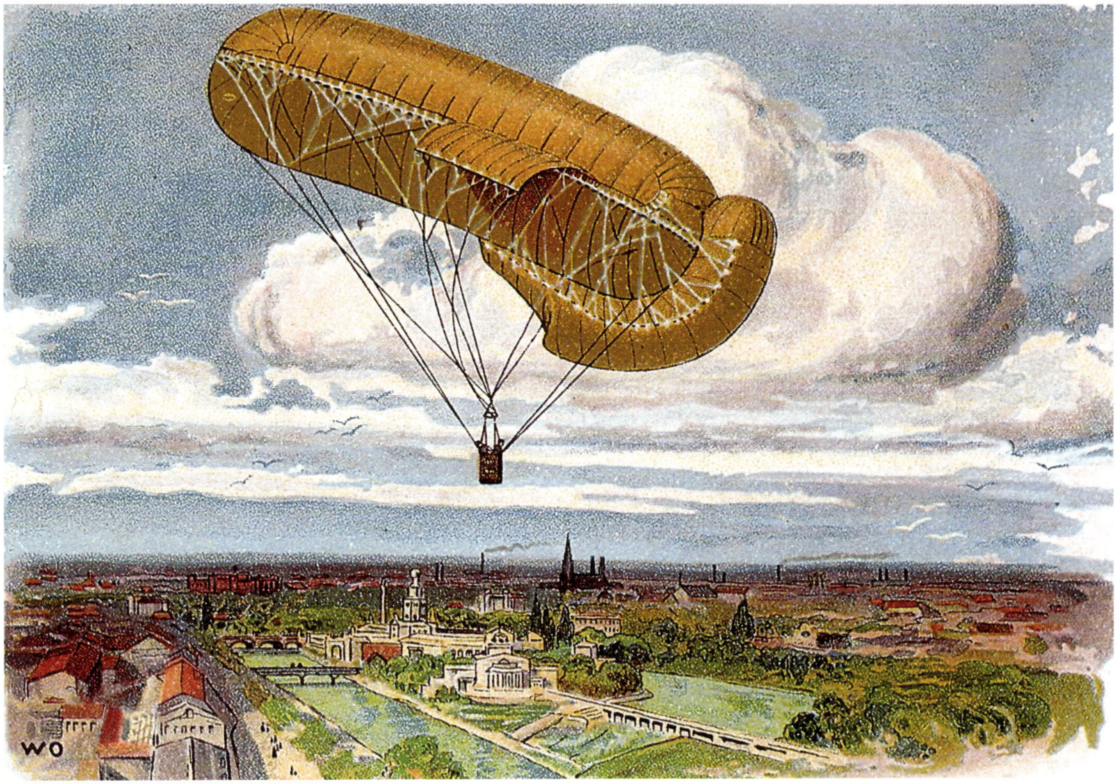

Der Parseval-Drachenballon auf der Allgemeinen Deutschen Sportausstellung in München, Postkarte 1899.

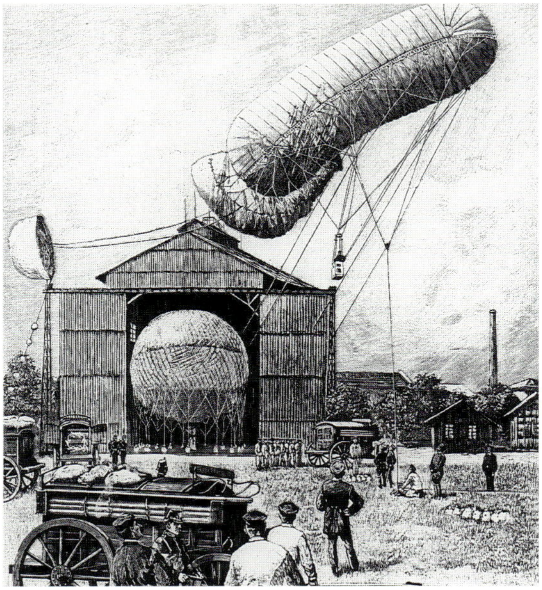

Die Luftschifferabteilung in München mit einem Parseval-Drachenballon und einem Kugelballon (links unten), Holzstich 1899.

Auffüllen eines Parseval-Luftschiffs in Nürnberg 1909.

Der erste Zeppelin LZ 1 bei seiner Jungfernfahrt am 2. Juli 1900 über dem Bodensee bei Friedrichshafen.

Gustav Kochs Wasserflugzeug mit Schaufelradantrieb.

Im Jahre 1900, 14 Jahre nach seinem Tod, ging dann endlich der zu Lebzeiten immer wieder geäußerte Traum König Ludwigs II. in Erfüllung: Graf Zeppelin startete am 2. Juli in Friedrichshafen zur Jungfernfahrt mit dem von ihm entwickelten, voll lenkbaren Luftschiff „LZ 1". Das „Seeblatt" aus Friedrichshafen berichtete am 3. Juli in einem Extrablatt über das Ereignis:

„Der Aufstieg des Luftschiffes erfolgte gestern Abend erst um 8 Uhr. Vor demselben hielt Graf Zeppelin eine Ansprache und verrichtete ein Schutzgebet. Nachdem der Ballon kurze Zeit festgehalten, stieg er rasch in die Höhe von 3–400 Meter und führte verschiedene Schwenkungen aus, so daß das Publikum über den großartigen Anblick in freudigste Stimmung versetzt wurde. Beim Abstieg nach etwa 20 Minuten, scheint an der Steuerung etwas versagt zu haben und erfolgte derselbe, um nicht auf das Land zu kommen, schnell. Unweit des Ufers bei Immenstaad kam der Ballon, resp. die beiden Gondeln auf den See. Hierbei berührte der Ballon einen zur Sicherung der Dampfbootfahrten gesetzten Pfahl und erhielt die Hülle einen Riß. Nachdem der Floß herbeigeschafft war, wurde der Ballon auf denselben gebracht und gegen 1 Uhr morgens in die Halle zurückbefördert. Das Resultat soll trotz des Unfalles ein günstiges sein. In der einen Gondel befand sich Graf Zeppelin, Baron Bassus, Ingenieur Burr und in der anderen Gondel der Afrika-Reisende Dr. Wolff und Maschinist Groß."

Gustav Koch aber arbeitete wie besessen weiter. Aus seinem „Gleiter mit Schaufelräder" ward mit der Zeit ein „Flug-Schiff". Es sollte das schnellste Wasserfahrzeug werden, zur „Vermittlung des Überganges von der Wasser- zur Luftschiffahrt".

Dieses vom Wasser aus zu startende Fluggerät sollte mit Hilfe zweier Schaufelräder angetrieben werden. Er entwickelte diese Schaufelräder, mit

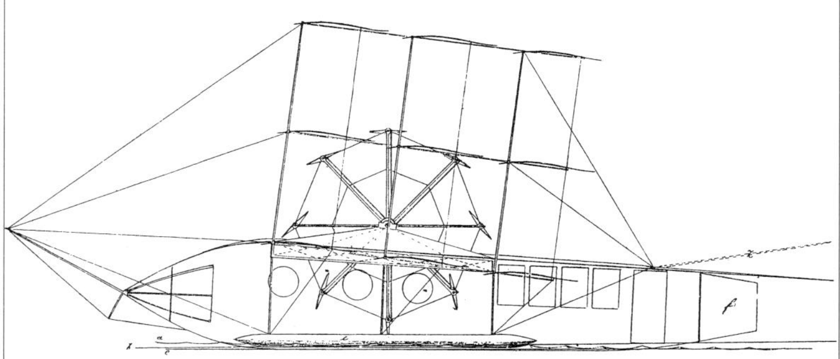

a) Wasserlinie im Ruhestand. b) Wasserlinie bei Beginn der Bewegung. c) Wasserlinie bei ca. 12 Sek. Met. Geschwindigkeit, relativ zur umgebenden Luft. Die Wirkung der Schaufeln der Räder zielt analog derjenigen des Flügelschlages der Vögel, nach vornen, mit einer Componente nach oben. e) Schwanzfläche zur Steuerung nach oben und unten. z) Landungsmanöver.

Hilfe derer er Spitzengeschwindigkeiten von bis zu 70 Stundenkilometer zu erreichen hoffte, indem er den bei Propellerbetrieb erforderlichen Tiefgang des Schiffes zu vermeiden und einen möglichst geringen Wasserwiderstand zu erreichen suchte. Zum Antrieb stellte er sich einen 9 kg schweren 20-PS-Daimler-Benzinmotor vor. Die Antriebskraft errechnete er nach den praktischen Versuchen von Lilienthal und Chanute. Auch diese Schaufelräder ließ sich Koch konstruieren und zu Versuchszwecken auf einen Sockel aufbauen. Eine um 1900 entstandene Photographie zeigt Gustav Koch vor dieser Konstruktion und läßt uns die Dimensionen seines Flugapparates erahnen. Es war das letzte Projekt, das uns Gustav Koch hinterließ. In den folgenden Jahren wurde es ruhig um ihn. Einmal noch sollte er in der Presse erscheinen: Zur 24. Wiederkehr des Jahrestages seiner gelungenen Versuche im Glaspalast, 1908, berichtete die „Münchner Illustrierte Zeitung" noch einmal über dieses Ereignis und schloß mit den Worten: *„Koch weilt noch in ungeschwächter Geisteskraft unter den Lebenden, vielleicht dienen diese Zeilen dazu, ihn der Vergessenheit zu entreißen."*

Die Anfänge des militärischen Luftschiffahrtswesens sind auf den deutsch-französischen Krieg zurückzuführen. Obwohl König Ludwig II. 1885 bayerische Ingenieur-Offiziere zum Studium der Vorteile des Luftballons bei Nachrichten- und Beobachtungsdienst nach Berlin geschickt hatte, dauerte es noch fünf Jahre, bis 1890 in München die erste „Königlich Bayerische Luftschiffer-Lehrabteilung" gegründet wurde, die für ihre Versuche beim Bayerischen Dampfkessel-Revisions-Verein einen Dampfkessel anmeldete. Neben der praktischen Ausbildung und Unterweisung in der Führung des Ballons auf freier Fahrt ging es auch um das Erlernen des Telegraphierens und die Kenntnis der meteorologischen Erscheinungen, beides wichtig beim Einsatz des Ballons im militärischen Bereich. Eingerichtet wurde diese Luftschiffer-Abteilung auf dem Münchner Oberwiesenfeld.

Aber auch zu wissenschaftlichen Aufgaben wurde die Ballonfahrt erneut herangezogen.

Die erste meteorologische Fahrt über München fand am 19. Juni 1889 statt. Unter Führung des Ingenieurs von Siegsfeld und des Premiereleutnants Karl Brug hatte der bei August Riedinger in Augsburg hergestellte Ballon „Herder" Instrumente zur Ermittlung der Temperatur-, Feuchtigkeits- und Druckverteilung an Bord, und den Aufstieg beobachteten die Prinzen Leopold und Arnulf sowie eine Reihe von höheren Offizieren und Gelehrten. Die Luftströmungen führten den Ballon in einem großen Bogen westlich um München herum, dann nach Osten bis zur Landung bei Aham südlich vom Wasserburg.

Die zweite wissenschaftliche Fahrt des Ballons „Herder" am 10. Juli 1889, diesmal beobachtet von Prinzregent Luitpold und Herzog Ludwig, wurde zum Anstoß für die Gründung des „Münchner Vereins für Luftschiffahrt", der sich dann am 21. November mit mehr als 200 Luftfahrtbegeisterten im „Platzl" konstituieren konnte – dies war der Beginn der organisierten Luftfahrt in Bayern. Das „Münchener Fremdenblatt" wußte über diese Fahrt, die im Hof der Gasfabrik Haidhausen begann, zu berichten:

„... Vorsorglich war etwas Proviant und Wein mitgenommen worden und ein gemütliche Dejeuner in den Lüften begann. Wie es ganz selbstverständlich ist, galt das erste Glas dem erlauchten Prinzen unseres erhabenen Königshauses, der als Regent an der Spitze unseres geliebten bayerischen Vaterlandes steht. Hat doch auch Se. k. Hoheit unser Prinz-Regent dieser Auffahrt sein regstes Interesse gewidmet und durch seine Allerhöchste Protektion das Unternehmen gefördert ..."

Ein zweites aeronautisches Ereignis erregte im Jahr 1889 die Münchner Bevölkerung. Der Thüringer Theologe und Buchhändler Dr. Friedrich Hermann Wölfert kündigte eine Demonstration seines Ballons „Bavaria" an, der sich von den bisherigen Geräten bemerkenswert unterschied: Er war nicht kugelförmig, sondern hatte die Form einer Zigarre, und Wölfert wollte mit Muskelkraft die zwei stoffbespannten, horizontal und vertikal arbeitenden Propeller antreiben, um eine gewisse Lenkbarkeit seines Ballons demonstrieren zu können. Die erste „Gala-Auffahrt" war für Sonntag, den 1. September 1889 vom Gelände des Münchener Velociped-Clubs an der Schyrenstraße in Untergiesing angekündigt worden. Tags darauf schrieb das „Fremdenblatt“:

„Vom Velociped-Rennplatz stieg gestern $^1/_2$6 Uhr Abends Herr Dr. Wölfert aus Augsburg mit dem von ihm konstruirten cigarrenförmigen Ballon empor. Es hatte sich ein verhältnismäßig zahlreiches Publikum eingefunden, obgleich die Preise für die Plätze etwas hoch normirt waren … Im Aufsteigen ließ Herr Dr. Wölfert Blumen herabfallen und einige Brieftauben fliegen. Wo der Ballon gelandet, ist uns jetzt noch nicht bekannt.“

Tatsächlich fuhr der Ballon nach späteren Berichten in einer halben Stunde bis nach Fürstenried. Von einer für wenige Tage später angekündigten zweiten Fahrt des Wölfertschen Luftschiffs, „verbunden mit einem Großen Concert von der Capelle des Herrn Direktor Roßmann“, fehlen leider Berichte.

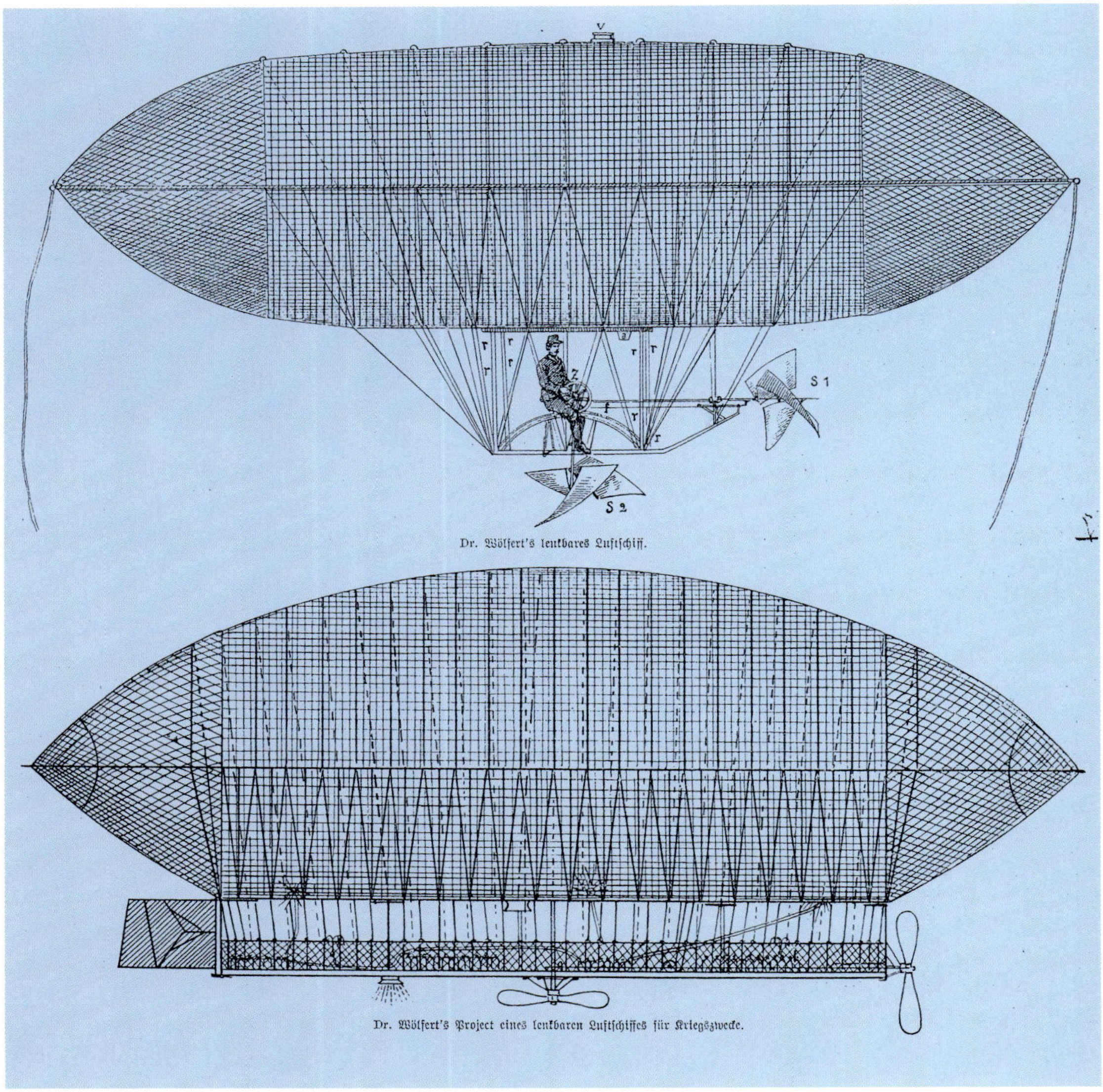

Luftschiff-Projekte von Dr. Wölfert, zeitgenössischer Holzstich.

Witzpostkarten aus den Jahren um 1900: Wie der Normalbürger die Zukunft eines Flugdienstes über München sah; Grundprinzip der Lenkbarkeit eines Ballons mit Antrieb und Segel (Text auf der Karte: „Gehen muß es.“)

In Augsburg hatte 1889 August Riedinger eine Versuchswerkstätte für Aviatik eröffnet, in der er Flugzeugmodelle, Instrumente zur Messung von Windgeschwindigkeit und Windrichtung sowie zur Untersuchung der physikalischen und dynamischen Eigenschaften der Luft zu bauen beab-

Historische Flugpostkarte aus dem Jahr 1912.

Zur Förderung der Luftfahrt u. zum Besten des Jugend-Fürsorge-Verbandes unter dem Protektorate S. K. H. des Prinzen Ludwig von Bayern.

Flugpostkarte

Herrn
Thomas Rietzler
Schutzmann
Hier
Scharnstr. 10/I

Einladungskarte des Münchener Vereins für Luftschiffahrt.

Münchener Verein für Luftschiffahrt (e. V.)

Dienstag, den 9. Dezember 1902

abends 8 Uhr

im Vereinslokal (Hotel Stachus)

Mitglieder-Versammlung.

Vortrag des Herrn Maschinenbauer **Rüb**

„Über einen neuen, sehr leichten Explosionsmotor"

und

„Über Schraubenflieger".

Die Vorstandschaft.

Gäste willkommen.

sichtigte, und in der er auch den Fesselballon zu höchster Vollkommenheit zu bringen versuchte. Noch war der Ballon ein Spiel der Winde, was im militärischen Bereich, wo er ja hauptsächlich zur Beobachtung und zu Messungen eingesetzt wurde, äußerst ungünstig war. Die Leitung übernahm Premier-Lieutenant von Siegsfeld. Zuerst wurde ein Fesselballon in Kugelform, ohne Netz, mit einem Gurt unterhalb des Äquators gebaut. Oberleutnant August von Parseval wohnte den Versuchen bei und nahm verschiedene Messungen zum Luftwiderstand vor. 1892 stimmte man seinem Vorschlag zu, dem Fesselballon statt der Kugelform eine zylindrische Form zu geben. Dieser neue Ballon sollte schräg gegen den Wind gestellt werden, womit man den Auftrieb zu erhöhen hoffte.

Die Proben an einem Modellballon hatten ein so befriedigendes Ergebnis geliefert, daß er 1893 unter der Bezeichnung „Drachenballon" in Konstruktion gehen konnte. Gefüllt wurde er mit Leuchtgas, da er bei einer Füllung mit Wasserstoff versagte. In den Jahren 1894 bis 1895 wurde er bei Truppenmanövern eingesetzt, wobei von Siegsfeld die Konstruktion anhand der gewonnenen Erfahrungen weiter verbessern konnte: An der Seite des Windschattens wurde zur besseren Stabilität ein zweiter, kleiner Drachenballon, Hutballon genannt, angefügt. Da aber der Hutballon immer wieder Störungen verursachte, wurde er durch Segel und Windfänge ersetzt, von denen erstere am hinteren Ende des Äquators, letztere freischwebend hinter dem Windschatten angeordnet wurden. Die weitere Konstruktion war folgende: Im hinteren unteren Ende war ein Ballonet, mit einer nach vorne gerichteten Öffnung eingebaut, durch welche der Wind einströmen konnte. Dadurch glich sich der innere Druck, um den Gasdruck, dem äußeren an. Ein Luftüberschuß konnte durch eine kleine Öffnung ausströmen. Der Gasraum selber war fest geschlossen. An seiner oberen Ballonwand aber befand sich für alle Fälle ein Sicherheitsventil. Die Erfahrungen mit dem Drachenballon waren so positiv, daß eine rege internationale Nachfrage einsetzte und August Riedinger sich genötigt sah, am 1. April 1897 in

Augsburg eine Ballonfabrik einzurichten. Auch das Bayerische Heer bestellte seinen ersten Drachenballon, was die Leistungsfähigkeit der Luftschifferabteilung bedeutend erhöhte. Konnten die früheren Kugelballons höchstens während einer Hälfte des Jahres zu Beobachtungen genutzt werden, so blieb der Drachenballon außer bei Nebel und Regen stets dienstfähig.

Da die seit 1900 fahrenden Zeppeline wegen ihrer Größe und starren Konstruktion für militärische Zwecke nur wenig geeignet waren, machte sich Parseval um die Jahrhundertwende dann auch an die Entwicklung eines lenkbaren Ballons. Im Gegensatz zu den bisherigen Luftschiffen mit starrer Konstruktion entwickelte er den Ballonkörper in Form eines hinten eiförmig, vorn halbkugelig abgerundeten Zylinders von 50 Meter Länge, 8,9 Meter Durchmesser und 2 800 Kubikmeter Inhalt. Die pralle Form wurde durch zwei Ballonets gewährleistet, die je eines im vorderen und hinteren Ende des Ballons lagen und, ganz aufgeblasen, etwa ein Viertel des Gesamtinhalts einnahmen. Der restliche Ballon wurde mit Gas gefüllt. Steuerte der Ballon nun aufwärts und nahm der Druck im Ballon durch das sich ausdehnende Gas zu, öffneten sich Ventile in den Ballonets, so daß Luft abströmen konnte. Obwohl diese Ballons zur vollen Zufriedenheit ihrer Anwender funktionierten, hatten sie doch keine Chance gegen die nun einsetzende Entwicklung des eigentlichen Flugzeugs.

Prinz Leopold, ein gleichaltriger Vetter von Ludwig II., in einem Otto-Doppeldecker mit Rittmeister v. Wolfskeel.

Bayerns erster Flugplatz entstand 1909 mit der „Akademie für Luftfahrt“ in Puchheim, und ab 1910 liefen dort spektakuläre, volksfestartige

Prinzregent Luitpold im Gespräch mit dem Flieger Wienczier s, Lehrer der Bayerischen Fliegerschule in Oberschleißheim, 1910.

König Ludwig III. besichtigt die Königlich Bayerischen Fliegertruppen in Oberschleißheim, 1913.

Prinzessin Pilar v. Bayern nach ihrem Flug nach Prien am Chiemsee am 8. August 1916.

Luftrennen und Schauflüge ab, besucht von Zehntausenden begeisterter Zuschauer, die mit Sonderzügen aus München anreisten.

1912 wurde von Prinzregent Luitpold, als des „Königreichs Bayern Verweser" der Nachfolger Ludwigs II., eine Fliegerkompagnie errichtet, die zum Grundstein der Königlich Bayerischen Fliegertruppen werden sollte. Das war die Geburtsstunde einer neuen Ära, der zivilen und militärischen Luftfahrt in Bayern.

Der Traum vieler aeronautischer Phantasten war Wirklichkeit geworden, allen Rückschlägen und Niederlagen zum Trotz. Einer von ihnen war auch Ludwig II. mit seiner letztlich unerfüllten Vision vom Fliegen. Bedenkt man nun das hohe Alter, dessen sich Bayerns Fürsten im allgemeinen erfreuten, so wäre es durchaus möglich gewesen, daß Ludwig, im gesegneten Alter von etwa siebzig Jahren, mit einem Doppeldecker über sein Schloß Neuschwanstein hätte fliegen können.

Doppeldecker über Neuschwanstein, um 1915.

Anhang

Technische Entwicklungen im Königreich Bayern des 19. Jahrhunderts

1804 Reichenbach, Utzschneider und Liebherr gründen das mathematisch-mechanische Institut

Gründung der Werkstätten für Präzisionsinstrumente

Fraunhofer begründet seine optischen Werkstätten, wo er um 1812 das erste schlierenfreie Glas produziert

1809 In München wird der erste elektrische Telegraph der Welt installiert

1826 Georg von Ohm definiert den Zusammenhang von elektrischer Spannung, Stromstärke und Widerstand

1835 Die erste deutsche Eisenbahn fährt von Nürnberg nach Fürth

1836 Carl August Steinheil entwickelt in München den Schreibtelegraphen

1839 Franz von Kobell und Carl August Steinheil gelingen in München die ersten Fotos

1852 Justus Liebig kommt an die Münchner Universität und macht München zum europäischen Zentrum des Chemiestudiums

1855 Wilhelm Bauer testet im Starnberger See das erste Unterseeboot der Welt

1857 F. A. von Pauli entwickelt eine neue Eisenbrückenkonstruktion für große Spannweiten

1866 Heinrich Gerber läßt ein neues, statisch bedeutend verbessertes Eisen-Träger-System patentieren

1868 Gründung der Technischen Universität in München

1869 Josef Albert erfindet den Lichtdruck

1871 Beim Bau der Braunauer Brücke in München kommt durch dynamobetriebene Bogenlampen zum ersten Male elektrisches Licht zur Anwendung

1873 Christian Reithmann konstruiert in München den ersten Viertaktmotor der Welt

1874 Karl Linde entwickelt in München den ersten Kühlschrank der Welt

1875 In Oberzell bei Würzburg wird die erste Rotationsdruckmaschine gebaut

1879 In München entsteht die erste Radrennbahn des Kontinents

1882 Erste Elektrotechnische Ausstellung in München, bei der Oskar von Miller die erste Stromleitung der Welt von München nach Miesbach verlegt; München und Berlin erhalten eine elektrische Straßenbeleuchtung

1883 Der Münchner Hauptbahnhof wird elektrifiziert

1883 Adolf Baeyer gelingt in München die erste Vollsynthese des Farbstoffs Indigo

1884 Renard unternimmt Flugversuche mit seinem Luftschiff

1886 Das erste Benzinauto wird entwickelt

1887 Die erste Schallplatte wird entwickelt

1891 Lilienthal gelingen die ersten Flugversuche

Moderne Techniken und ihre Anwendung bei Ludwig II.

1866 Heinrich Gerber baut die 35 Meter hohe Brücke über den Pöllat bei Hohenschwangau

1867 König Ludwig II. besucht die Pariser Weltausstellung

Die kühne Konstruktion der Marienbrücke über der Pöllat-Schlucht bei Neuschwanstein.

1869 König Ludwig II. läßt für Hohenschwangau eine Flug-Seilbahn entwickeln, die aber nicht gebaut wird
Auf dem Dach der Residenz entsteht ein Wintergarten in einer neu entwickelten Eisen-Glas-Konstruktion ohne Innenstützen

1872 Beim Bau von Schloß Neuschwanstein werden modernste Baumaschinen mit Dampfkraft eingesetzt, für deren Sicherheit der 1870 gegründete Bayerische Dampfkessel-Revisions-Verein Sorge trägt

Die Chemiker Baeyer und Caro entwickeln auf Befehl Ludwigs II. ein „blaueres Blau", ein reiner blauer Farbstoff zur Ausleuchtung seiner Linderhofer Grotte

Ludwig II. fährt mit seinem Schlitten das erste elektrisch beleuchtete Fahrzeug der Welt

1881 König Ludwig II. läßt sich ein Velociped nach Hohenschwangau kommen

Die Dynamos in Schloß Linderhof.

1878 Schuckert richtet in Linderhof eine elektrische Beleuchtung ein

1882 Beim Bau von Schloß Neuschwanstein werden modernste Eisenkonstruktionen verwendet
In der Residenz wird ein Telefon installiert
Ludwig II. übernimmt das Protektorat zur großen Industrie-Ausstellung in Nürnberg

1883 In Neuschwanstein und Herrenchiemsee werden moderne Warmluft-Heizungen installiert
Ludwig II. greift seine alte Idee zur Entwicklung eines lenkbaren Ballons in seiner Korrespondenz mit Friedrich Brandt wieder auf. Zur gleichen Zeit entwickelt Gustav Koch mit „allerhöchster" Unterstützung das Modell eines lenkbaren Ballons. Ob es Ludwig II. war, der diese Unterstützung gab, ist nicht bekannt

Dampfkessel in Schloß Linderhof.

Die Beschiffung der Luft.

(Mit einer Abbildung.)

Zu den kühnsten Wagestücken, welche der menschliche Geist jemals unternommen hat, gehört ohne Zweifel die Luftschiffahrt. *)

Schon in den ältesten Zeiten scheint man durch den Anblick der Vögel veranlaßt, auf den Gedanken gekommen zu seyn, sich in die Luft zu erheben. Die altgriechische Dichtung von Dädalus und Ikarus deutet darauf hin. Dädalus hatte nämlich dem Könige Minos von Kreta das berühmte Labyrinth gebaut, später aber der Ariadne gezeigt, wie sie den Theuseus aus demselben befreien könnte. Zur Strafe dafür schloß Minos den Dädalus nebst seinem Sohne Ikarus in das Labyrinth als Gefangene ein. Um sich nun daraus zu retten, machte Dädalus sich und seinem Sohne künstliche Flügel, und befestigte sie an den Körper mit Wachs. Nach gehörigen Uibungen im Fliegen traten Beide die Reise durch die Luft an. Ikarus war zwar vom Vater gewarnt worden, sich nicht allzuhoch zu erheben; aber durch den glücklichen Fortgang verwegen gemacht, entfernte er sich vom Vater, und näherte sich der Sonne so sehr, daß das Wachs von der Hitze schmolz, und er rettungslos ins Meer stürzte. Der Vater kam glücklich nach Sizilien.

Die Brüder Stephan und Joseph Montgolfier zu Annonny in Frankreich verfertigten im Jahre 1782 zuerst einen balkenförmigen Körper aus Taffet von etwa 40 Kubikfuß Inhalt. Als die Luft darin durch brennendes Papier hinlänglich verdünnt war, erhob er sich, und erreichte eine Höhe von ungefähr 70 Fuß.

Beide Brüder wagten sich nunmehr an die Verfertigung eines größeren Körpers, und wählten dafür die kugelförmige Gestalt, weil unter allen Körpern keiner so wenig Raum nach Verhältniß seiner Masse einnimmt, als eine Kugel. Dieser Luftball war aus feiner Leinwand gemacht, die über ein Geripppe von Eisendraht gespannt, und hierauf noch mit Papier überklebt wurde. Der Durchmesser war 35 Fuß, und das Gewicht des Ganzen betrug 500 Pfund. Unten war eine Oeffnung, durch welche die Luft im Ball vermittelst eines darunter gemachten Strohfeuers a) verdünnt, und somit die zusammengefaltete Hülle auseinander getrieben wurde. In dem Augenblicke, als man den Ball los ließ, stieg er schnell empor, erhob sich zu einer Höhe von beinahe 6000 Fuß, und fiel nach 10 Minuten, etwa 7000 Fuß vom Orte des Aufsteigens, wieder nieder.

Als die Nachricht von diesem Versuche der Gebrüder Montgolfier nach Paris kam, machte ihn sogleich ein Professor der Chemie, Namens Charles, nach. Sein Ball war von Taffet und mit Firniß von Federharz überzogen. Der Durchmesser betrug 12 Fuß 2 Zoll, und der körperliche Inhalt 943 Kubikfuß. Charles wendete zu seiner Füllung nicht erhitzte, sondern brennbare Luft, oder Wasserstoffgas an, das er in Tonnen entwickelte, und dann durch die große Röhre b) in den Ballon leitete, und ließ ihn am 27. August 1783 vor einer Versammlung von 40,000 Menschen steigen. Der Ball erhob sich binnen zwei Minuten auf 2928 Fuß, und fiel nach drei Viertelstunden 4 Meilen von Paris, zwar sanft, aber zerrissen nieder.

So waren demnach gleich bei ihrer Erfindung die Aerostaten (wie man die Luftbälle auch zu nennen pflegt) in zwei Klassen getheilt, nämlich in solche, welche mit brennbarer Luft oder Wasserstoffgas, und solche, welche mit erhitzter gemeiner Luft gefüllt wurden. Die Bälle der letzteren Art erhielten in der Folge, ihren Erfindern zu Ehren, den Namen Montgolfieren, die der ersteren Art Charlieren.

Auf dem beilieg. Blatte ist der Luftball mit Fig. 1 bezeichnet, in welchem der jüngere Montgolfier den 19. September 1783 zu Versailles sich 1440 Fuß hoch in die Luft erhob. An seinem unteren Ende befand sich eine Gallerie, in deren Mitte der Feuerherd a) zum Erhitzen der Luft angebracht war. An dem Ballon befestigte man einen Käfig, worin sich ein Hammel, eine Ente und ein Huhn befanden. Nach Verbrennung von 80 Pfund Stroh war die Luft im Ball so verdünnt, daß er sich in die Luft erheben konnte. Er blieb 8 Minuten lang in der Luft, und fiel dann sanft und ohne die geringste Beschädigung der Thiere, 10,000 Fuß weit von dem Orte des Aufsteigens nieder. Nun war zu erwarten, daß auch Menschen versuchen würden, mit Luftbällen emporzusteigen. Noch im Oktober des nämlichen Jahres verfertigte der jüngere Montgolfier einen neuen Ball von 70 Fuß Höhe, und 46 Fuß Breite. An diesem war unten eine Art Korb mit Stricken befestigt, worin man hin und her gehen konnte. Zugleich befand sich unter der Oeffnung des Luftballes eine Gluthpfanne von starkem Eisendraht, worin das Strohfeuer von der Person im Korbe unterhalten, und nach Erforderniß verstärkt oder geschwächt werden konnte. Ein Herr Pilatre de Rozier stellte sich in den Korb, als der Ball am 15. Oktober aufstieg, und eine Höhe von

Fig. 1.
Fic. 2.
Fig. 3.
a
b
Luftschifferey.

80 Fuß erreichte. Als Rozier sich gehörig eingeübt glaubte, unternahm er nun auch am 21. November in Begleitung des Marquis d'Arlandes eine Fahrt, bei welcher der Ball nicht mehr an Seilen festgehalten wurde. Der Wind führte sie über einen Theil der Stadt Paris und über die Seine, und nach 25 Minuten kamen sie 30,000 Fuß vom Platze des Aufsteigens wieder auf dem Erdboden an. Man wurde jetzt immer kühner.

Blanchard, ein junger Mechaniker zu Paris, ging nach England, und machte am 7. Januar 1785 mit dem Amerikaner Jefferies die kühne Fahrt von England nach Frankreich über den Kanal, auf welcher er zwei Stunden zubrachte. — Der Ruf dieses Wagstückes verbreitete sich durch alle Länder, und Blanchard machte nunmehr aus der Luftschifferei ein förmliches Gewerbe, indem er mit seinem Balle ganz Europa durchreiste, und in allen volkreichen Städten Auffahrten veranstaltete, die ihm sehr viel Geld eintrugen.

Auch Charles blieb mit seinem durch Wasserstoffgas gefüllten Luftball nicht zurück. Noch im Dezember 1783 verfertigte er einen Ball von 26 Fuß im Durchmesser, brachte unten ein Schiffchen Fig. 2 an, und versah ihn inwendig mit einer Klappe, welche durch eine, bis ins Schiff herabgehende Schnur geöffnet werden konnte, um nach Erforderniß der brennbaren Luft einen Ausgang zu verschaffen. Dadurch hatte er es in der Gewalt, den Ball nach Belieben sinken zu lassen. Um sich aber auch nöthigenfalls wieder heben zu können, nahm er Ballast ins Schiff, d. h. einige mit Sand gefüllte Säcke von verschiedener Größe. Indem er einen Theil dieses Sandes ausschüttete, wurde der Ball leichter, und mußte steigen. Charles bestieg in Begleitung eines Herrn Robert diesen Luftball, und beide durchflogen in wenig Minuten einen Raum von neun französischen (beinahe sechs deutschen) Meilen, worauf sie sich wieder herabließen. Robert stieg jetzt aus, und Charles erhob sich mit Pfeilesschnelle bis zu einer Höhe von 10,500 Fuß.

Pilatre de Rozier, Graf Franzesko Zambeccari und mehrere Andere verunglückten in der Folge bei den wiederholten Versuchen. Diese Unglücksfälle leiteten Blanchard auf die Erfindung der Fallschirme Fig. 3. Ein Fallschirm hat ungefähr die Gestalt und Einrichtung eines Regenschirmes. Der Mensch, der sich mittelst desselben von einer Höhe herablassen will, hält in einer kleinen Entfernung von dem ausgespannten Dache die Stange, welche durch den Mittelpunkt des geöffneten Schirmes senkrecht geht. Der Widerstand der Luft ist desto größer, je größer der Durchmesser des ausgespannten Daches ist, und der Mensch schwebt langsam herab. Der Luftschiffer Garnerin hat sich mehrmal von sehr großen Höhen unbeschädigt herabgelassen. Er befand sich dabei in einem am Fallschirme befestigten Korbe, und hatte noch 70 Pfund Ballast bei sich.

Was den Nutzen der Luftbälle betrifft, so sind dieselben zu naturwissenschaftlichen Untersuchungen, zu Beobachtungen der Beschaffenheit der Luft in den höheren Regionen, der Elektrizität, des Magnetismus ꝛc. mit großem Erfolge gebraucht worden. — Die französischen Naturforscher Biot und Gay-Lussac z. B. unternahmen eine solche Fahrt, und stiegen dabei bis zu einer Höhe von 12,313 Fuß. Bei einer zweiten Aufsteigung, die Gay-Lussac mit dem nämlichen Ballon allein unternahm, erhob er sich bis zu einer Höhe von 21,519 Fuß, wahrscheinlich die größte, welche jemals von einem Menschen erreicht worden ist.

Zu Beobachtung der Stellungen des Feindes im Kriege hat man sich der Luftbälle bedient. Weit größer und einflußreicher auf die Kultur wäre wohl der Nutzen der Luftschiffahrt, wenn derselben nicht noch eine Hauptsache fehlte, das Vermögen nämlich, nicht blos auf- oder niederwärts, sondern auch seitwärts lenken zu können. — Bis jetzt muß sich der Luftschiffer in letzterer Hinsicht ganz der Richtung des Windes preisgeben. Es scheint fast, als ob die willkührliche Leitung eines Luftballons nach Art der Schiffe, unter die Unmöglichkeiten gehöre. Denn die Aufgabe hiebei ist keine geringere, als: nach Gefallen Luftströme zu schaffen. Sollte es dem meschlichen Scharfsinne im Laufe der Zeiten je einmal gelingen, diese Kunst der Natur abzulernen, dann werden wohl auch weite Reisen hoch über den Ländern und Meeren durch die Luft hin unternommen werden.

Nachricht
über einen
Aerostatischen Versuch,
welcher in dem
Reichsstifte Ottobeuren
vorgenommen worden
den 22. Jenner 1784.

Ottobeuren,
Gedruckt durch Karl Jos. Wankenmiller.

[3]

Vorbericht.

Ich würde mich niemal an eine aerostatische Maschine gewagt haben, wenn ich immer auf jener Meynung, welche mir durch die allgemeinen Nachrichten davon beygebracht worden, verblieben wäre. Alle öffentliche Blätter redeten von nichts, als von brennbarer Luft, mit welcher die Bälle gefüllt werden müßten, und eben dieses verursachte mein Zaudern.

Daß ein Ball, welcher mit brennbarer Luft angefüllt wird, in die Höche steigen müße, war mir ganz begreiflich; denn ich wußte, daß diese Luft zu der gemeinen Atmosphärischen nach ihrer Schwere wie 1 zu 8 sich verhalte: allein mir war auch nicht verborgen, welchen Aufwand die Zubereitung dieser Luft erfordere, und wie vielen Gefahren die Gesundheit des Schöpfers derselben [4] ausgesetzt sey, wenn je nicht die äusserste Vorsicht bey Hervorbringung der aus Vitriolsäure gezogenen Luft angewendet wird; eher würde ich mich also entschlossen haben, gar keinen Ball zu verfertigen, als selben nur mit so vielen Schwierigkeiten zu Stande zu bringen.

Es entstund bey mir die Frage: muß es denn eben brennbare Luft seyn, welche diese bisher so sehr angestaunte Wirkung veranlassen mag? und Grundsätze der Naturlehre entwickelten mir diese Frage. Ich fand eine Möglichkeit, das seinem fränzösiichen Erfinder so vielen Ruhm erwerbende Schauspiel ganz einfach, ganz ungekünstelt, ohne sonderlichen Aufwand, ohne Vitriol-Oel, und Feilspäne ausführen zu können.

Minuten bis an das Gedecke meines Zimmers. Eine mir so angenehme Erscheinung ermunterte mich, eine Maschine verfertigen zu lassen, welche in der freyen Luft steigen sollte. Ihren Durchmesser bestimmte ich auf 7': nach zweyen Tagen war sie fertig, und den 9ten Jenner die[5]ses Jahres fuhr sie zu meinem und der Zuschauer Vergnügen in die Luft.

Ich war nun gesichert, daß ich mich in meinen Begriffen nicht geirret habe — Begriffe, welche ohne vieles Nachdenken sich entwickelt hätten, wenn das Montgolfierische Gas von seinem Urheber früher durch die öffentlichen Anzeigen mitgetheilet worden wäre. Der Ballon erhob sich etwa 400 Schuh, und in Zeit von 9 Minuten ließ er sich wiederum ganz sachte zur Erde nieder. Diese kurze Verweilung in der Luft fand ich in dem Baue der Maschine, und ward auf vieles Zudringen einiger Liebhaber schlüßig, den Versuch mit einer neuen nach den entdeckten Mängeln verbesserten Maschine zu wiederholen, welches auch den 22ten Jenner geschah.

Der Anblick war prächtig, und mein und der Zuschauer Vergnügen dabey ganz ausnehmend. Durch eine so herrliche Erscheinung ist man für alle Sorge und Mühe auf einmal reichlich belohnt. Ich sorge nicht, Tadel zu verdienen, wenn ich meine Grundsätze, und Handgriffe dem Publicum mittheile, und hierdurch einigen Liebhabern der Naturlehre, welche sich seit einigen Monaten mit Verfertigung der Luftkugeln abgeben, vielleicht die Manipulation erleichtere.

[6]

Meine Grundsätze.

Ein vester Körper, der sich in einem flüßigen befindet, steigt nur alsdann, wenn er wesentlich leichter ist, als der flüßige. Unter andern haben wir ein Beyspiel an dem Kork, welcher, da er in die Tiefe des Wassers gehalten, und nachmals sich selbst überlassen wird, ohne Verweilung nach der Oberfläche desselben sich erhebt: wird im Gegentheil ein schwerer Körper z. B. Bley von dem nemlichen Innbegriff hineingelegt, so wird diesem das Steigen unmöglich, weil es ihm an erforderlicher Leichtigkeit gebricht.

Diesen allgemeinen Satz legte ich mir zum Grunde, und fragte weiter, ob er auch bey der Luft anwendbar sey? — die Luft ist zwar ein flüßiger Körper, dem nicht leicht ein anderer in der Flüßigkeit gleichkömmt, doch ist sein Gewicht gegen andere gehalten so unbeträchtlich, daß es sehr hart scheint, einen mehrere Pfunde, oder gar Zentner schweren Körper in ihr steigen zu machen; erst besagte Frage löset sich also dahin auf, ob es veste Körper gebe, welche wesentlich leichter seyn, als die Luft.

Gewiß ist, daß die Luft, welche sich in einem holen Körper befindet, zu dessen Schwere [7] ein Merkliches beytrage: wird aber diese ausgezogen, so verliert der Körper von seinem vorigen Gewichte so viel, als die Luft, da sie noch in ihm war, zu seiner Schwere beygetragen hatte.

Ist ein holer Körper von solcher Größe, daß die eingeschlossene Luft an der Schwere mehr beträgt, als die Theile des Körpers, und ist diese, ohne daß die Oberfläche desselben von der äusseren Luft zusamengedrückt werde, aus ihm herauszubringen, so wird er nothwendig leichter, als die Luft selbst; und muß demnach, so lang er in diesem Stande verbleibt, immer höher steigen, als lang er, gegen die äussere Luft gehalten, leichter ist —— Wie kan aber aus einem schwachen holen Körper die gemeine Luft gröstentheils ausgeschaft werden, ohne daß von der äussern die Oberfläche desselben zu leiden habe?

So sicher wir wissen, daß die Luft flüßig, so unbestritten ist auch, daß sie Elastisch sey. Diese Ausdehnungskraft übt sie hauptsächlich nur alsdann, wenn sie von anderen Körpern eingeschlossen ist; und nur in folgenden zwo Arten finden wir vorzügliche Wirkungen derselben.

Der erste Fall ist, wann die äussere Luft weggeschaft wird, welche mit jener im [8] Gleichgewichte steht, die in dem einschliessenden Körper enthalten ist, wo alsdann auch eine geringe Masse Luft einen holen Körper nicht nur ganz ausfüllen, sondern auch dessen Wände, wenn sie nicht genugsamen Wiederstand machen könnten, zerreißen würde. Auf diese Weise die Ausdehnung der Luft zu verschaffen, taugt nicht zu aerostatischen Versuchen, weil sie gegen den Hauptgrund anstößt, aus welchem das Steigen bewirket werden solle. Der zweyte Fall hingegen ist, wann zwar die äussere Luft ihre ganze Stärke behält, die innere aber erwärmet, und nach dem Verhältniß der Hitze mehr oder weniger ausgedehnt wird. Auch hier wirket sie auf den einschliessenden Körper nicht selten mit solcher Macht, daß durch ihre Gewalt oft die dauerhaftesten Körper zerplatzen müssen, wie wir an dem Erdbeben ein Beyspiel haben, dessen traurige Verwüstungen alle Naturkündiger dieser Ursache zuschreiben, wenn je in dem umschliessenden Körper keine Oeffnung vorhanden, durch welche die wegen der Ausdehnung mehrern Raum forderende Luft abweichen kan. Wann nun durch die Hitze die Elasticität der Luft befördert wird, so kann aus dem nemlichen Grunde gesagt werden, daß eine geringere Masse Luft, wenn sie auf diese Weise ausgedehnt wird, einen ungleich größeren Raum [9] zu füllen, und dem Druck der äusseren Luft genugsamen Wiederstand zu thun vermögend sey: Es läßt sich also auch sagen, daß aus einem holen Körper die in selbem eingeschlossene Luft gröstentheils vertrieben werden könne, ohne daß dessen Volumen wegen der noch zurückgebliebenen ausgedehnten Luft von dem Druck der äusseren einigen Nachtheil zu befahren habe.

Die Erfahrung lehret uns, daß wenn eine Blase, die nur mit einer geringen Masse atmosphärischer Luft gefüllet ist, über ein Kohlenfeuer gebracht wird, durch die Ausdehnung der in selber befindlichen Luft ihr nur immer möglich gröstes Volumen erreiche. Nemmen wir demnach einen holen Körper, welcher etwa 30 Pfund gemeiner Luft fassen möge: setzen wir ferner, daß dieser Körper dergestalt zusammen gedrückt werden könne, daß nur 2 Pfund Luft in selbigem noch vorfindlich seyn, und werden diese noch übrige 2 Pfund durch die Wärme dergestalt ausgedehnt, daß das vollkommene Volumen dieses Körpers wieder hergestellt ist, so wird er um 28 Pfund leichter, als er zuvor ware: wiegt aber der Körper selbst weniger, denn 28 Pfund, so ist er leichter, als die gemeine Luft, die ihn umgiebt, und folglich muß er steigen.

[10] Es mag sich demnach in dem Körper viele oder wenige Luft vorfinden, so wird nach der durch die Hitze entstandenen Ausdehnung immer eine geringe Masse Luft zurückbleiben, welche verursachet, daß der Körper wesentlich leichter werde, und sich nothwendig erhöben müsse. Nur kommt es auf die eine Hitz erzeigen sollende Materie vorzüglichst an. Ist diese Materie rein, leicht, und verursachet sie schnelle und starke Hitze: so wird mehr Luft ausgeschaft, folglich der Körper immer leichter, und zum erhöben fertiger: und da ich in dem Weingeiste solche gefunden zu haben glaubte, so wagte ich mich sogleich an den Versuch.

Meine Handgriffe.

Ich ließ aus leichtem, gut geleimtem Papier* eine Kugel verfertigen, welche 12 Fuß** im Durchmesser hatte, und in 3 Tagen war die Arbeit zu Ende. Um der äussern Luft alles Eindringen zu sperren, wurden die Streife sorgfältigst zusammengeleimt, und oben bey dem Schluß ein hölzerner Zapfen Fig. II. an [11] gebracht, an welchem alle Streife zusammen gebunden waren. Durch diesen Zapfen mußte ein Schlaufe, die zu Aufhängung der Maschine dienen sollte, gesteckt werden.

* Von diesem wurden mehrere Bögen zusammen geleimt und nach Fig. I. geschnitten. Die ganze Maschine erforderte 18. Streife, deren jeder 2' 2'' breit und 18' 9'' lang war.
** Mein Maßstab war der Pariser Schuh.

Damit das schwache, und bey dem Schluß ganz schmale Papier durch die Schwere der Maschine, und des mit brennbarer Materie versehenen Geschirres nicht zerrissen werden möchte, brauchte ich die Vorsicht, auf die Fugen der Streife einige Bändgen Fig. VI. f. f. f. &c. zu leimen, welche nebst dem Papier um den hölzernen Zapfen gebunden waren, und auf diese Weise die ganze Schwere des Balles tragen mußten.

Unten ließ ich der Maschine eine Oeffnung von 2 Fuß im Durchmesser, und das Papier daselbst ward mit einem Band eingefaßt, damit es von Rissen destomehr gesichert würde. In diese Oeffnung ward ein kupfernes Geschirr Fig. III. a. eingehenkt, welches aus einem Stück getrieben, und auf ein hölzernes Kreuz, daß in einen leichten Reif eingespannt war, bevestiget

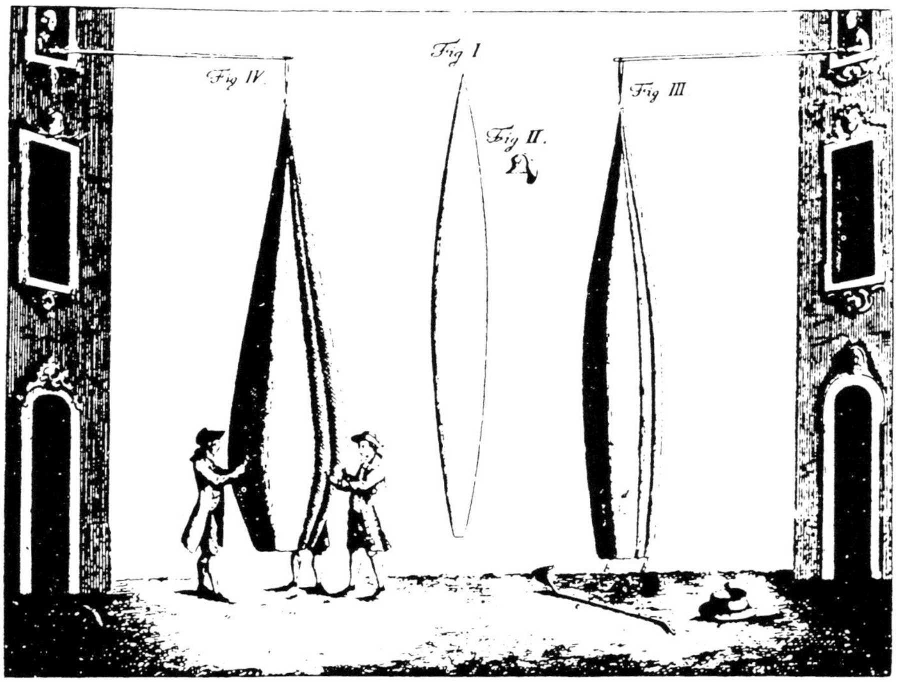

worden. Der Reif Fig. III. e. hatte 2 Schuh im Durchschnitt, und also spannte er die ganze Oeffnung aus, an welche er durch Band Fig. III. b. b. &c. angemacht war. Das [12] Geschirr selbst hatte im Durchmesser 16, und in der Höhe 6 Zoll. Unter dem Geschirr an dem Kreuze bracht ich eine Scheibe aus steifem Papier von 22 Zoll im Diameter an, um der äussern Luft den zu vielen Zutritt abzuschneiden, und ließ also bey dem Reif im ganzen Umkreise nur eine 1 Zoll breite Oeffnung, um die Maschine von der Gefahr des Bersten zu sichern, welchem sie bey allzustarker Ausdehnung der in selber befindlichen Luft hätte ausgesetzt seyn können.

Zwey Schuhe aufwerts von der Oeffnung der Maschine ward auf der Seite in das Papier eine kleine Oeffnung Fig. III. d. welche 4 Zoll in der Höhe, und 3 in der Breite hatte, und durch einen aus steifem Papier bestehenden Schieber konnte geschlossen oder geöffnet werden, zu dem Ende angebracht, damit durch solche die brennbare Materie mittelst eines

Trichters Fig. III. c. schicklich in das Geschirr eingegossen, und nachmals durch ein Stäbgen könnte angezündet werden; und so war die ganze Maschine zu dem Versuch in fertigem Stande.

Nun richtete ich mein vorzüglichstes Augenmerk auf ihr Gewicht. Ich verwendete 24 Buch Papier zu ihrem Bau, und das kupfer[13]ne Geschirr samt Reif und Kreuze wog allein 3 Pfund, und so schätzte ich das ganze wenigst auf 20 Pfund. Ich wunderte mich demnach ungemein, als ich sie bey ihrer Abwägung nur 12 Pfund schwer fand, und versicherte mich hieraus völlig, daß sie gewiß steigen werde.*

Gleich den folgenden Tag machte ich einen geheimen Versuch. Ich henkte die Maschine in einem Saale auf, und goß nicht mehr, denn 1 Pfund Weingeist** in das Geschirr. Nach

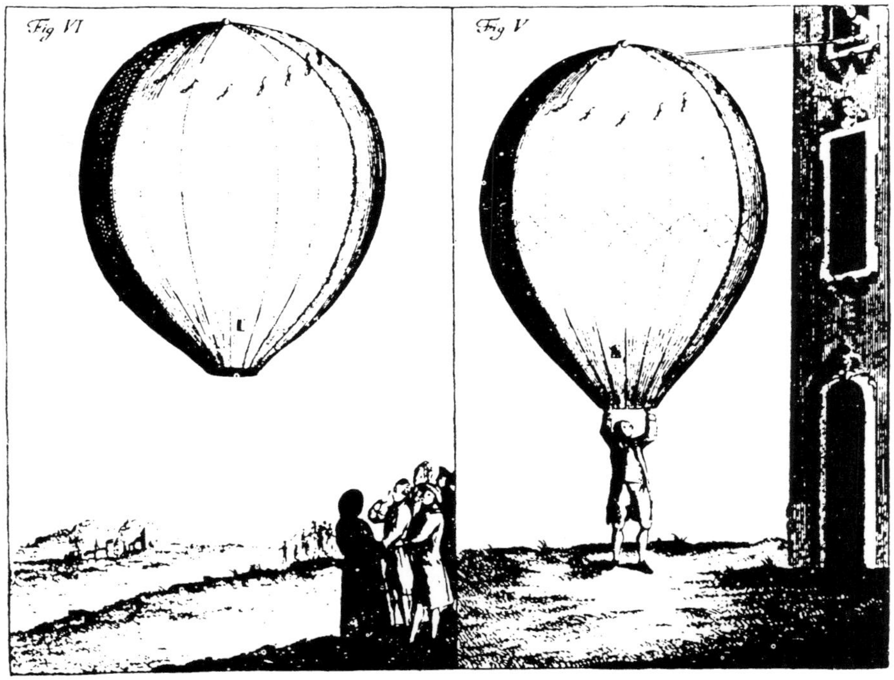

[14] geschehener Anzündung desselben erfolgte alsogleich die Ausdehnung, und in weniger als 8 Minuten begann die Maschine zu steigen. Sehr majestätisch erhob sie sich bis an die Decke

* Der Ball hatte nach seinem Innhalt $904\frac{1}{2}$ Kubik Schuh, und faßte beynahe 25 Pfund atmosphärische Luft. Würden also nach geschehener Ausdehnung 3 Pfund Luft in der Maschin zurückgeblieben seyn, hätte sie dennoch steigen müssen, weil sie noch immer wenigst 1 Pfund leichter gewesen wäre, als die äussere Luft.

** Die Ursache, warum ich diesen vor anderen brennbaren Materien hauptsächlich gewählt, bestunde darinn, weil der Weingeist immer eine sehr starke, und schnelle Hitze, die nach meinen Grundsätzen allein nothwendig ist, und den wenigsten Rauch verursachet. Ich will zwar keineswegs behaupten, daß dieser die einzige Materie sey, durch welche die Ausdehnung könne bewirket werden: alle leichte, ein schnelles und starkes Feuer erzeugende und nährende Körper halte ich für tauglich, ich brachte sogar mit Baumwolle, die zuvor mit Oel übergossen worden, die nemliche Wirkung zu Stande: doch der viele Ruß, welcher sich an das Papier anlegte, und bey Oelfeuer nicht wohl zu verhüten ist, machte, daß ich noch immer dem Weingeist den Vorzug gönne.

des Saales, und nachdem sie durch eine in dem Mittelpunct des hölzernen Kreuzes angeknüpfte Schnure von der Höhe öfters herabgezogen worden, wiederhohlte selbige ihr Steigen 12 Minuten lang, wornach der Ball sich von selbst ganz sachte wieder herabließ. Meiner Sache durch diesen wohlgelungenen Versuch überzeugt, beschloß ich einen öffentlichen den 16. Jenner vorzunemmen: allein die Witterung verschob mein Vorhaben bis den 22ten besagten Monats. Auch an diesem Tage war der Himmel mit dickem Gewölke überzogen, und wiedrige gegen einander streitende Winde weheten ohne Unterlaß: damit jedoch die Fremde, welche sich deswegen hieher begeben hatten, nicht umsonst angekommen seyn, ließ ich um 1 Uhr Nachmittags alles Nöthige zu dem bevorstehenden Versuche zubereiten. Ich wählte mir zu diesem Ende einen windstillen Ort: die Maschine ward an eine Stange auf- und sodann das kupferne Geschirr eingehenkt, 6 Pfund von bestem Weingeiste durch die kleine Oeffnung eingegossen, und angezündt, nachdem zuvor die [15] Falten der Maschine Fig. IV. von drey Personen, das Anbrennen des Papiers zu verhüten,* bis nach zur Helfte erfolgter Ausdehnung sorgsam ausgespannt worden.** Die Ausdehnung fieng um 2 Uhr an, und nach 6 Minuten konnte die Stange, da die Maschine schon in freyer Luft hieng, aus der Schlause gezogen werden, Fig. V. weil hingegen die vollständige Ausdehnung noch nicht erfolget war, hielt man sie noch eine kurze Zeit zurück, und nachdem solches geschehen, schwung sie sich in die Luft, Fig. VI. und nahm ihren Weg mit immer anwachsender Geschwindigkeit nach Westen, wo sie dann auch nach 3½ Minuten dem besten Auge unsichtbar ward. Ein zwar kurzes, doch sehr angenehmes Schauspiel. Sie hatte von den Winden sehr vieles zu leiden, doch waren solche nicht im Stande, ihr [16] die perpendikuläre Richtung zu benemmen.*** Nach etwa 30 Minuten, da sie zuvor von Westen wieder zurück gekehrt, und bis auf 9 Klafter der Erde sich genähert hatte, schwung sie sich neuerdings in die Luft, und versteckte sich abermals in den Wolken, aus welchen sie nach 45 Minuten gegen Osten auf einem Berge, so eine halbe Stunde von hier entlegen ist, ganz sanft zur Erde nieder sank.

* Därfte nicht im Wasser aufgelößter Alaun, wenn das Papier damit befeuchtet wurde, die Gefahr einer Entzündung vermindern?

** Diese Mühe kan durch einen Reif, der in die Maschine eingelegt wird, ersparet werden.

*** Ließ sich etwa nicht behaupten, daß ein Luftschiff weniger Gefahren des Umsturzes, als eines im Wasser ausgesetzt sey? dieses geht oftmals zu Grunde, weil es bey heftigem Sturm die Flutten in jener Geschwinde, nach welcher die Luft forttreibt, nicht schneiden kan, und also wegen zurückhaltung des Wassers nothwendig umgestürzt wird, da hingegen bey dem Luftschiffe dieser Wiederstand sich nicht einfindet.

E N D E.

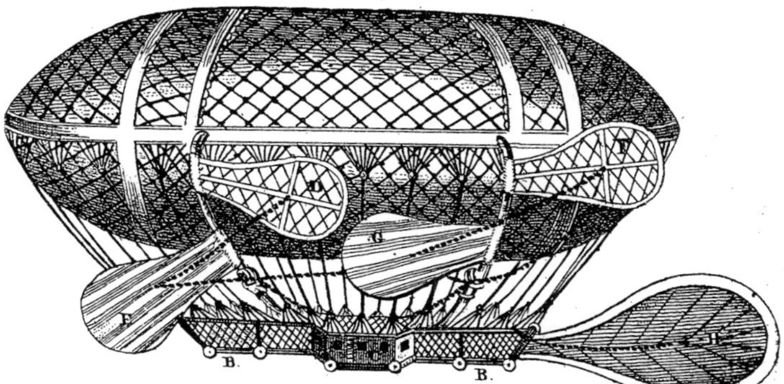

Das erste Luftschiff.

In den neuern Zeiten, wo man alle möglichen Transportmittel in Anwendung zu bringen sich bemüht, ist man auch darauf bedacht gewesen, den Luftballons eine nützlichere Seite abzugewinnen, als es bisjetzt geschehen ist, und namentlich der Willkür der Elemente zu gebieten, um sich seinen Weg selbst vorzuschreiben, und nicht als todte Masse ein Spielball des Windes zu sein.

Man beabsichtigte auf diese Art eine Communication zwischen London und Paris herzustellen, welche allen Zollinien und Cordons Hohn gesprochen hätte. Nach mehreren angestellten Versuchen war zu Paris Zeit und Ort zur Abfahrt in dem neuen Luftschiffe bestimmt, und eine große Anzahl Zuschauer versammelt, um Zeuge der Abfahrt zu sein, als der Ballon in Folge seiner Ueberfüllung mit Gas platzte, gerade als er abzusegeln im Begriffe war.

Die Theilnehmer haben unter dem Titel „Europäische Aeronautische Gesellschaft" unter dem Vorsatze des Herrn Lemor einen Verein gebildet, dessen Versammlungsort in der Victoriastraße in London ist, wo man folgende Bekanntmachung liest:

„Europäische Aeronautische Gesellschafft. — Erstes Luftschiff, der Eagle, 160 Fuß lang, 50 Fuß hoch und 40 Fuß breit, zur Aufnahme von 17 Personen eingerichtetet und bestimmt, eine direkte Communicationslinie zwischen den verschiedenen Hauptstädten Europas zu bilden. Der erste Versuch dieses neuen Systems der Luftfahrt wird von London nach Paris und zurück gemacht werden."

In der Figur ist **A A** der Ballon oder Gashalter, der aus beinahe 7000 Fuß baumwollenen Linon besteht; um denselben luftdicht zu machen, ist er gefirnißt; er hat die Gestalt eines Cylinders und endigt sich an den Enden in der Gestalt eines Kegels; er soll ungefähr 7000 Cubikfuß Gas enthalten.

Das Schiff oder Packet-Boot, wie es genannt wird, **B B**, ist 95 Fuß lang und 7 Fuß hoch; das Gestelle ist von Holz, mit starkem Netze rund herum, damit Niemand herausfallen kann. **C** ist ein Cabinet in der Mitte des Bootes, welches 6 Fuß breit ist. **D E F G** sind vier Flügel, durch welche das Schiff getrieben wird; jeder Flügel besteht aus 80 beweglichen Klappen überfirnißten Linons, 2 Fuß 6 Zoll lang und 9 Zoll breit, welches über ein Zuckerrohrgestelle gezogen ist.

An einer Seite der Flügel ist ein starkes Netz, um die Klappen zu unterstützen, wenn sie die Luft schlagen und das Schiff fortzutreiben. **D** und **F** zeigen das Netzwerk; **E** und **G** stellen die Klappen vor.

Das Gutachten zu König Ludwigs Flugprojekt

Gutachten

Das nachfolgende Gutachten hat zum Gegenstande die Beantwortung der Fragen:

1.) Durch welche Construktion ist eine Gasballon-Verbindung zwischen 2 Punkten, die eine horizontale Entfernung von 4 000' und eine Niveau-Differenz von 160,0' haben, möglich?

2.) Welches Verbindungsseil kann hierzu verwendet werden? Und welche Dimension muß dasselbe haben, um Sicherheit zu bieten?

3.) Welche Dimensionen muß der Ballon haben, der mit Wasserstoffgas gefüllt ist und der eine Belastung von 2–3,5 Centner inklusive Gondel-Gewicht tragen soll?

4.) Wie würde die Füllung möglichst praktikabel vor sich gehen können?

5.) Welche Unregelmäßigkeiten sind bei der Fahrt zwischen den beiden Ballons zu befürchten?

6.) Welche Kraft rsp. Vorrichtung ist notwendig, um die ad 1, angenommene Construktion zu ermöglichen?

Bei der Beantwortung sämtlicher Fragen dient als Richtschnur die Annahme, daß das Seil mit einem Pfeil von 200' angelegt ist, indem diese Annahme für die Dimensionen der eingehenden Faktoren und für die Möglichkeit der Ausführung günstig wirkt, somit entsteht nachstehende für die Construktion notwendige Anordnung:

Fig. 1

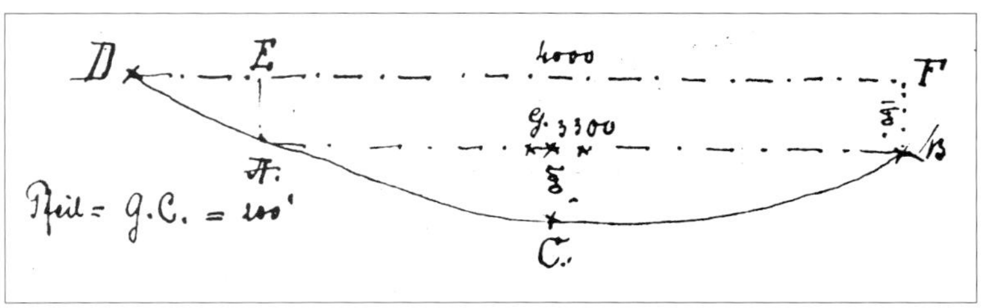

Die Construktion zu einer Gasballon-Verbindung zwischen den Punkten D und B, welche in einer horizontalen Entfernung von 4 000' liegen und eine Niveau-Differenz von 160' haben, ist so gedacht, daß der Ballon samt Belastung an einem Seile ohne Ende sich nach den Richtungen D B und B D bewegt.

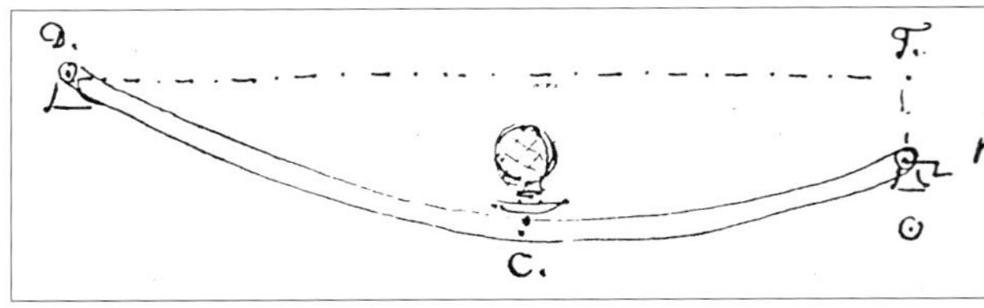

Der Ballon, welcher mit dem oberen Seilteil des Seiles ohne Ende in fester unverrückbarer Verbindung steht, bewegt sich durch die Rolle rsp. durch die Drehung bei B nach D und durch die umgekehrte Bewegung bei B von D nach B, wodurch die Communikation erzielt ist. Hierbei wird hier noch ausdrücklich erwähnt, daß die angenommene Belastung in der Berechnung als Null fungiert, da das Streben nach oben des Ballons die Bewegung von B nach D oder von D nach B nicht gerade von Bedeutung erschweren wird.

ad II

Nach der oben angegebenen Construktions-figur ergibt sich:

" Nach dem Maße DE = 700' bestimmt sich für ab = 3 300'. Nimmt man die Stärke des Drahtseiles zu1 □ " Querschnitt, so wird das Gewicht des laufenden Fußes 0,03 Ctner = 3 ℔. Die Spannung H im Punkte C bestimmt sich aus der Formel

$$H = \frac{pl^2}{8h} = \frac{0{,}03 \times 3\,300^2}{8 \times 200} = 200 \text{ Centner}$$

das heißt: Wenn die angenommene Anordnung Fig. 1 als zulässig erscheint, kann das Seil ohne Ende, welches eine Länge von circa 10 000 Fuß zu erhalten hätte, und wenn dasselbe auf diese Länge mit der mathematischen Widerstandsfähigkeit herzustellen ist, aus gewöhnlichem Eisendraht hergestellt werden. Hierbei wird jedoch im Vergleich **zu der erstgestellten Aufgabe** besonders hervorgehoben, daß hier ein Pfeil unter der Tangente von 200' angenommen ist, während dort, bei der erst gestellten Aufgabe das Seil sich von der Tangente zum Punkte D immer mehr und mehr entfernt.

Würde man bei gleicher Anordnung ein Hanfseil verwenden wollen, so würde

$$H = \frac{pl^2}{8h} = \frac{0{,}005 \times 3\,300^2}{8 \times 200} = 34 \text{ Ctr. d.h.}$$

bei Verwendung eines Hanfseiles von der Stärke = 1 □" Querschnitt würde doppelte Sicherheit gegen Zerreißen noch bleiben, da nach den **seitherigen** Versuchen das Hanfseil von 1" Durchmesser durch ein Gewicht von72 Ctr. zerrissen würde.

Sonach wäre sowohl ein Drahtseil (von 1 □" im Durchschn.) als ein Hanfseil zu dem Seil ohne Ende anwendbar, wobei das Drahtseil eine größere Dauer jedoch eine geringere Handsamkeit, das Hanfseil eine geringere Dauer jedoch im Gegensatz zum Vorgenannten, dem Drahtseil, leichtere Hilfsmaschinen notwendig hätte.

ad III

für die Größe des Ballons ergibt sich:
bis jetzt für die Füllungen
a, durch erwärmte Luft: die Montgolfiere,
b, durch Wasserstoffgas: die Charles,
c, durch Kohlenwasserstoffgas, die Green's

gegeben; für den vorliegenden Fall ist Wasserstoffgas indiziert, da diese Art von Füllung auf eine leichte Weise herzustellen ist und wenn auch die Möglichkeit der Explosion vorhanden ist, **die** Füllung nicht so gefährlich ist, als die mit erwärmter Luft, wo die Wärme Quelle stets in Tätigkeit sein muß, solange der Ballon steigen soll, rsp. tragen soll.

Demnach berechnet sich für Wasserstoffgas:

1 Cubikfuß Luft wiegt $\frac{1}{12{,}5}$ ℔ und

1 Cubikfuß Wasserstoff = 0,0056 ℔ = $\frac{1}{180}$ ℔

Gewicht des Wasserstoffes ist 0,07

der Auftr. des Gascubus

$$= \frac{1}{12{,}5}\,x - \frac{x}{180} = 3 \text{ Ctr.} = 300 \text{ ℔}$$

$$x\left(\frac{1}{12.5} - \frac{1}{180}\right) = 300 \text{ ℔}$$

$$167.5\,x = 300 \times 125 \times 18$$

$$= 37500 \times 18$$

$$x = \frac{6750}{167.5} = 4030 \text{ C. Gas.}$$

das heißt der Ballon muß 4 030 Cubikfuß Gas fassen.

Der Ballondurchmesser berechnet sich:

$$\frac{d^3\pi}{6} = 4030; \quad d^3 = \frac{24180}{3.4} = 7111$$

$$\log 7111 = 3{,}85187 = 1{,}28362 = 19.2$$

folglich:

d = Durchmesser des Ballons = 19,2' = rund 20,0'

der Ballon hat sonach einen Durchmesser von 20,0' zu erhalten.

ad IV

Die Füllung des Ballons geschieht durch Wasserstoffgas, dasselbe wird bereitet durch Zusammenbringen von Eisen oder Zink mit Wasser und Schwefelsäure und zwar auf 1 Theil Schwefelsäure 2 bis 3 Theile Wasser. Diese Manipulation geschieht in Tonnen, die durch Schläuche mit dem zu füllenden Ballon in Verbindung stehen. Es ist anzunehmen, daß der mit Wasserstoff gefüllte Ballon mehrere Wochen lang ohne Erzeugung des Wasserstoffgases gefüllt zu erhalten ist.

ad V

Unregelmäßigkeiten bei der Fahrt sind wohl denkbar. Einen größten Einfluß werden wohl die Stürme und die strengen Winde auf den Ballon in seiner Bewegung haben, sodaß ein Umkippen und Legen des Ballons vor sich gehen kann. Das Schlimmste in der Konstruktion kann eintreten, wenn das Seil durch unvorhergesehene Einflüsse reißt und der Ballon samt seinem Inhalt in die Luft verschwindet.

ad VI

Zur Bewegung der Rolle des Seiles ohne Ende ist eine Kraft notwendig die durch eine Maschine geleitet werden soll.

Es berechnet sich die Arbeit aufwärts vom Scheitel

360' × 300 ℔ = 108 000 Fußpfunde

460 Fußpfunde = 1 Pferdekraft folglich müßte eine Maschine bei 20' Geschwindigkeit per Sekunde 13 Pferdekräfte,

bei 10' Geschwindigkeit per Sekunde 6,5' Pferdekr.

bei 5' Geschwindigkeit per Sekunde 2,5' Pferdekr.

Rechnen wir noch 25% für die Reibung der Maschine hinzu, so ergibt sich:

bei 20' Geschwindigkeit per Sek. circa 17 Pferdekr.

bei 10' Geschwindigkeit per Sek. circa 8 Pferdekr.

bei 5' Geschwindigkeit per Sek. circa 3 Pferdekr.

In dieser Berechnung soll die Geschwindigkeit per Sekunde 10' per Sek. angenommen werden, so daß der Ballon die Strecke von 4 000' in 400 Sek. = 6,6 Minuten durchlaufen würde.

Die approximativen Kosten würden sich berechnen:

1. Ballon mit Remise 5.000 (inklusive Gasentwicklungsapparat)

2. Die Brücke zum Ballon 1.000

Übertrag: 6.000

Übertrag: 6.000 Fl.

3. Das Hanfseil auf 9 000' = 7.000

4. Die Rollen des Seiles ohne Ende: 2.000

15.000

5. Die Maschine auf 17 Pferdekräfte 12.000

Summe: 27.000 Fl.

Bei der Annahme von einem Drahtseil käme ad 3 9.000 F. als Ergänzungspreis: 9.000

somit die Summe: 36.000 Fl.

Vor der Ausführung dieses Problems müßten jeden Falls eingehende spezifische Versuche vorgenommen werden, da eine derartige Verbindungsweise zweier Punkte noch nicht ausgeführt wurde, somit auch hierüber keine Erfahrungen vorhanden sind. Hiezu kommt noch, daß die Hauptfaktoren der Construktion im Auslande zu erholen wären und hierdurch die Ausführung manche weiteren Schwierigkeiten und Verzögerungen erhalten möchten. Aus diesen Gründen würde ein Termin von mindestens 6 Monaten notwendig sein, um mit Sicherheit Überlegung und erwarter Ausführung das vorliegende Programm lösen zu können.

Dollmann

Programm.

Es soll ein Drahtseil auf eine Entfernung von 4 000 Fuß auf 2 festen Punkten, die einen Höhen-Unterschied von 160,0 Fuß haben, gespannt werden, auf welchem sich eine Last von $2^1/_2$ Centner nach den Richtungen der beiden Aulagern zu bewegen hat.

" Es ist die Ausführbarkeit oder Unausführbarkeit durch Rechnung festzustellen.

Berechnung.

Bei der Anordnung wird in Aussicht genommen, daß am unteren Ende A. eine horizontale Tangente an der Seillinie vorhanden ist.

Bezeichnet nun g das spezifische Gewicht des Eisens, so läßt sich die Belastung p für den laufenden Fuß ausdrücken durch

$$w \times l \times g = p$$

für Drahtseile beträgt die zulässige Spannung also a gewöhnlich 20 000 Centner pro Quadratfuß und somit

$$w \times 20\,000 = w \times g \times 50\,000 \text{ sonach}$$

$$g = \text{spezifisches Gewicht des Eisens} = 0{,}4$$

da aber das spezifische Gewicht des Eisens in

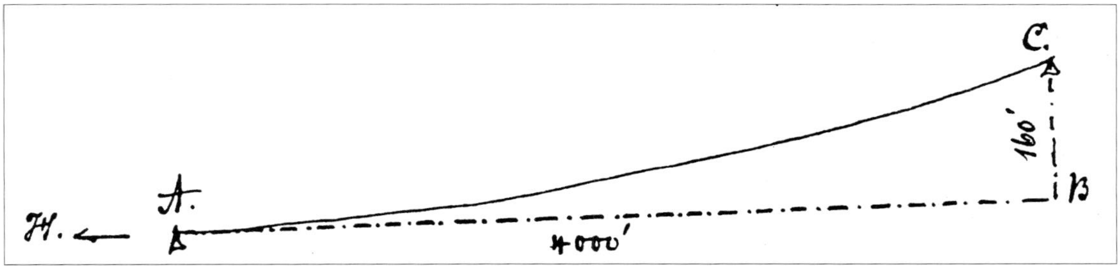

Drahtform = 7,6 ist, **so geht hieraus die Unmöglichkeit des Aufhängens auch ohne eine fremde Belastung bei einem Drahtseil von 4 000' Länge hinreichend hervor, das heißt das Drahtseil würde durch seine „eigene Schwere" brechen.**

Unter dieser Voraussetzung ergibt sich obige Figur.

Sieht man vorläufig von einer anzuhängenden Belastung ab, um die Spannung H im Scheitel der Parabel A. zu bestimmen, so findet sich dieselbe aus der Gleichung:

$$H = \text{Spannung bei } A = \frac{p \times l^2}{8h} \text{ worin}$$

p = das Eigengewicht pro laufenden Fuß in Centnern ausgedrückt,
l = 2 AB = 8 000,
h = der Pfeil BC = 160' bedeutet.

Damit die zulässige Spannung im Scheitel nicht überschritten wird, muß eine andere Gleichung erfüllt sein nämlich: H = w x a, worin w den Querschnitt und a die zulässige Spannung pro Quadratfuß bedeutet.

Durch Einsetzen der gegebenen Dimensionen erhält man

$$H = \frac{p \times 64\,000\,000}{8 \times 160} = p \times 50\,000 \text{ folglich}$$

$$w \times a = p \times 50\,000.$$

II.

Um die zulässige Spannungsweite für ein Drahtseil unter Einsetzung des oben angegebenen Festigkeitscoeffizienten zu ermitteln setzen wir:

$$H = w \times a = \frac{pl^2}{8h} \text{ und}$$

$$p = w \times g, \text{ demnach}$$

$$a = \frac{gl^2}{8h} \quad \text{oder } l^2 = \frac{8h \times a}{g}$$

Soll der Pfeil h = 160 sein, g = 7,6 spezif. Gewicht und A = 20 000 Ctr. pro Quadratfuß, so erhält man unter Einsetzung dieser Werte:

l^2 = 3 360 000' und l = 1 833' als äußerste Grenze bei dem angegebenen Pfeil und bei der Voraussetzung, daß bei A eine horizontale Tangente gedacht ist, somit würde ohne Gefahr des

Zerreißens bei dem Pfeil von 160' nur eine Drahtseillänge von 911,5' statt 4 000' zur Verwendung kommen können.

Von der Zunahme der Spannung gegen den Aufhängepunkt bei C ist bei obiger Berechnung ohne dieß abzusehen.

Nach den gewöhnlichen Versuchen ist für gute Eisensorten der Bruch bei 60 000 Centner Belastung pro Quadratfuß eingetreten, unter dieser für die Praxis nicht mehr anwendbaren Beanspruchung würde sich für die vorliegenden Verhältnisse die Spannweite 1 rechnen zu 3 175' daher AB rund zu 1 600 d.h. **mit anderen Worten, ein Drahtseil auf 1 600' Länge gespannt mit einem Pfeil von 160' würde ohne weitere Belastung brechen rsp. zerreißen.**

Außer den oben durch die Mathematik dargelegten und unumstößlichen Sätze, welche die Unmöglichkeit einer Drahtseilspannung auf 3 000–4 000 Fuß Länge bei einem Pfeil von 160,0' zeigen, sind noch die Erfahrungen über Drahtseil-Construktionen in Berücksichtigung zu ziehen. Die plötzlichen unvorhergesehenen Einstürze von Drahtseil-Brücken, das plötzliche Zerreißen von Trommelseilen für Hebevorrichtungen, das Brechen von unterseeischen Telegraphentauen usw. geben Veranlassung mit größter Vorsicht das Material Eisen in Drahtform, welcher allzusehr durch die Oxidation in seiner Widerstandsfähigkeit alteriert wird, zu verwenden und so bildet sich als Schluß obiger Abhandlung:

„Ein Drahtseil kann freischwebend nur bis zu einer Länge von 1 600 gespannt werden, abgesehen von den verderblichen Einflüssen der Atmosphäre, des Wassers und der Luft, welche das Eisen allmählich durch Rost so destruirt, daß die Wiederstandsfähigkeit Null und der Bruch unvermeidlich wird."

Dollmann

Prospect und Kostenvoranschlag zur Herstellung eines lenkbaren Luftschiffes nach dem System von Gustav Koch in München

Unter den Problemen der Natur, deren Lösung den menschlichen Geist am längsten schon beschäftigt nimmt die Schiffbarmachung des uneingeschränkt die ganze Erde umgebenden Luftraumes unstreitig eine der ersten Stellen ein.

Welche Wichtigkeit dieser Frage von alters her beigemessen worden ist, beweisen am besten die zu allen Zeiten und immer wieder aufs Neue angestellten Versuche Flugmaschinen und dergleichen zu konstruieren.

Nicht entmutigt durch die wenig befriedigenden Resultate derselben habe ich, von dem ersten Naturgesetz ausgehend, daß Alles eine Entwicklungsperiode zu durchlaufen hat – „See und Meer auch nicht gleich von Anfang an durch Salondampfer befahren worden sind" unter Benützung der bisher gemachten Erfahrungen es versucht, ein berechtigten Anforderungen entsprechendes Luftschiff zu entwerfen.

Die gute Aufnahme welche meiner Idee von Autoritäten Theoretischer und praktischer Capazität zu Theil geworden und das günstige Prognostikum das meinem Projekt allseitig gestellt wird lassen mich hoffen, auch seitens der kapitalkräftigen Kreise die nötige Unterstützung zu finden, um dem allgemein ausgesprochenen Wunsch, dasselbe hier in München ausgeführt zu sehen, entsprechen zu können.

Es sind dazu erforderlich:

Kosten des Ballons samt Umhüllung	ca. M.	24.000,–
Rahmenwerk zum Gehäuse und zur Maschinenlagerung aus Stahl, Holz, Rohr und Rohrgeflecht	" "	4.000,–
2 Flügelräder	" "	2.400,–
eine 8pferdige Gaskraftmaschine mit Gußstahlcylinder, alle Teile möglichst ausgearbeitet, mit elektrischer Zündvorrichtung und 3 Gas- und Luftcylinder	" "	10.000,–
Luft- und Gaskompressionspumpen	" "	600,–
Transmission und Riemen	" "	500,–
Rohrleitung und Utensilien	" "	1.000,–
Spesen während dem Bau eines Luftschiffes	" "	4.000,–
erste Füllung des Ballons inklusive Apparat zur Wasserstofffüllung	" "	2.000,–
Platzmiete pro Jahr	" "	500,–
Herstellung eines Bretterschuppens 50 Meter lang, 12 Meter hoch und 16 Meter breit	" "	5.000,–
Reservekapital	" "	6.000,–
Summa des Anlagenkapitals circa	Mark	60.000,–

welcher Betrag etwa durch Ausgabe von Anteilscheinen à M. 100,– aufgebracht werden könnte. Als Garantie für das Anlagekapital haftet in erster Linie das Objekt selbst, außerdem die auf die Erfindung genommenen Patente während die Fixierung der, bei einem eventuellen Verkaufe der Letzteren, auf die Beteiligten entfallenden Gewinnrate einer konstituierenden Versammlung vorbehalten bleibt.

Das erbaute Luftschiff als Standballon betrachtet um mit demselben kleine Ausflüge nach der Umgebung Münchens zu machen, so betragen die Betriebskosten:

5% Zins aus dem Anlagekapital de M. 60 m	Mark	3.000,–
Betriebspersonal:		
Kaufmännischer Vorstand,		

Jahresgehalt		ca.	M.	2.500,–
Ingenieur und Führer des Luftschiffes	Jahrg.	"	"	3.000,–
Maschinist	"	"	"	1.500,–
1 Arbeiter	"	"	"	1.000,–
Platzmiete pro Jahr,		"	"	500,–
Nachfüllung des Ballons pro Jahr		"	"	1.500,–
Leuchtgasconsum und Aufstieg ca. 10 Cubik-Meter		"	"	2.000,–
Allgemeine Reparaturen etc.		"	"	2.000,–
20% Abschreibung		"	"	12.000,–
Unvorhergesehenes		"	"	1.000,–
Summe der jährlichen Betriebskosten		"	"	30.000,–

Einnahmen:

Bei durchschnittlich jährlich 100 Fahrtagen, von je 6 einhalbstündigen Fahrten mit je 6 zahlenden Personen

à 10 Mark		Mark	36.000,–
hiervon ab nebigen Betriebskosten von	ca.	Mark	30.000,–
bleibt ein Reingewinn von	ca.	Mark	6.000,–

= 10% des Anlagekapitals.

Bei dem gewöhnlich während des Sommermonates statthabenden bedeutenden Fremdenverkehr Münchens, welcher im nächsten Jahr aus Anlaß der Gemälde- und projektierten Gartenbauausstellung noch eine wesentliche Steigerung gegen sonst erfahren wird, dürfte ein Mangel an Passagieren umso weniger eintreten, als das vom Ballon aus sich dem Beschauer bietende Panorama von München und seiner Umgebung von unvergleichlicher Schönheit sein soll und im vorliegenden Falle früheren und andersartigen Ballonaufstiegen gegenüber mit ungleich erhöhtem Gefühl von Sicherheit genossen werden kann.

Die Zahl von durchschnittlich jährlich 100 Fahrtagen à 6 Fahrten wird eher zu niedrig als zu hoch gegriffen sein, da an besonders schönen Tagen wohl 20 und noch mehr Aufstiege erfolgen können und es ohne Zweifel häufig vorkommen wird, daß sich auch Liebhaber für Nacht- und Winterfahrten melden.

Eine spätere Ermäßigung des Fahrpreises auf die Hälfte dürfte daher die Rentabilität des Unternehmens nicht gefährden.

Außerdem würde aber das solcherart angelegte Kapital auch noch nach andererseite von großem Nutzen sein:

Das Problem der Luftschiffahrt beschäftigt bekanntermaßen viele tausende von Köpfen, aber so manche gute, die Sache zu fördern und zu verbessern geneigte Idee geht aus Mangel an Gelegenheit sie zu erproben unbenützt wieder verloren.

Die Existens eines Standballons, wie der von mir konstruierte, würde sicher als konstantes Objekt zur Anstellung fernerer Versuche hochwillkommen und eine Veranlassung sein, den Fremdenzufluß in unserer Stadt zu vermehren.

München, im Dezember 1882

Als „neu" bei meinem Luftschiff erscheint mir:

1.) die Form des Ballons.

2.) die mit demselben unmittelbar verbundene und daher durch wirkende Steuervorrichtung.

3.) die auf eine hebelartige Wirkung hinzielende Schraubenkonstruktion.

4.) Anwendung der Letzteren in der Art von Schraubenventilatoren.

und

5.) daß Ballonform mit der Disposition des motorischen Apparates, des Steuers und der Aufhängungsart der Gondel dahin zusammenwirken, daß das in irgend einem spitzen Winkel (auch noch in einem rechten Winkel) gegen die jeweilige Windrichtung gestellte Luftschiff, durch Ingangsetzung der Maschine von selbst eine mit der Spitze direkt gegen den Wind zielende Stellung einnimmt.

KAISERLICHES PATENTAMT.

AUSGEGEBEN DEN 10. MÄRZ 1894.

PATENTSCHRIFT

— № 73603 —

KLASSE 77: Sport.

GUSTAV KOCH in MÜNCHEN.

Flugapparat mit Flügeln und Schaufelrädern.

Patentirt im Deutschen Reiche vom 29. März 1892 ab.

Die in neuerer Zeit wieder mehrfach angeregten und ventilirten Vorschläge aus flugtechnischen Kreisen in Bezug auf Erhebungen in die Luft mittelst vogelähnlichen Flügelschlages erscheinen um so weniger sachförderlich, als einestheils das rechnerisch zu belegen versuchte, gegenüber den früheren Annahmen überaus gering taxirte Krafterfordernifs sich in der Praxis stets als unzureichend erwiesen hat, während andererseits ein derartiger Apparat den berechtigten Anforderungen an ein einen Verkehr durch die Luft ermöglichen sollendes Fahrzeug infolge des Umstandes, dafs beim Flügelschlag der gröfsere Theil der aufgewendeten Kraft zur Hebung und nur eine kleinere Componente zur Beschleunigung der Bewegung des Flugkörpers dient, nur unvollkommen entspricht, indem der eigentliche Zweck und die Zweckdienlichkeit einer Flugmaschine doch hauptsächlich in der Möglichkeit eines Schnellverkehres liegt, welche Eigenschaft ja allein die Gewähr für Lenkbarkeit und Ueberwindung starker Luftströmungen bietet.

Dies und die bedeutenden technischen Schwierigkeiten in der Ausführung gröfserer Flügelschlagwerke lassen daher die meisten Projectanten von Aviationsapparaten die Luftschraube als den allein zweckentsprechenden Fortbewegungsmechanismus für derartige Fahrzeuge betrachten; allein auch gegen diese stellen sich gewichtige Bedenken ein.

Einmal wird ihre Wirkung durch in der Luft viel häufiger als im Wasser vorkommende seitliche Strömungen wesentlich beeinträchtigt.

Aufserdem hat die zweckmäfsige Placirung der Schrauben, da solche immer paarweise angeordnet werden müssen, ebenfalls constructive Schwierigkeiten, zum mindesten Kraftverluste, und die Wirkungsweise derselben insofern Unzuträglichkeiten im Gefolge, als der an der Vorderkante der Tragflächen (Flügel) vorüberstreichende Theil des niedergehenden Schraubenflügels die von ihm getroffene Luft auf die obere Fläche der Flügel wirft, dieselbe von dem betreffenden Theil der Unterseite der letzteren aber, wo richtigerweise eine Luftcompression stattfinden soll, wegzieht.

Bei den sich in aufsteigender Richtung bewegenden Schraubenflügeln ist zwar das Gegentheil der Fall, wodurch der vorerwähnte Nachtheil in seiner Wirkung wieder ausgeglichen wird; immerhin erfährt aber der Nutzeffect der motorischen Kraft der Flugmaschine einen wesentlichen Verlust, indem einerseits ein Nachtheil motorisch erzeugt wird, der auf der anderen Seite wieder durch den Motor aufgehoben werden mufs.

In der möglichst vollkommenen Ausnutzung der motorischen Kraft, insbesondere auch in der Verwerthung der in der motorisch bewegten Luft enthaltenen Kraft liegt aber mit die Lösung des Flugproblems.

Hauptsächlich aber bietet die unumgänglich nothwendige Herbeiführung und Beibehaltung der Flügelstellung mit Neigung nach hinten bei Schraubenaëroplanen Schwierigkeiten, deren Bedeutung besonders in neuerer Zeit, durch Versuche in dieser Richtung, so recht an das Licht getreten ist.

Ohne nach hinten geneigte, drachenartige Flügelstellung fliegt bezw. schwebt ein Aëroplane, durch Luftschraube bewegt, überhaupt nicht;

wird aber zur Erzielung einer solchen Flügelstellung der Schwerpunkt des Apparates nach hinten, hinter die Resultirende der Tragflächen gerückt (und auf andere Weise läfst sich dieser Zweck bei Schraubenaëroplanen überhaupt nicht erreichen), so benöthigt das Vehikel zu seiner Fortbewegung und Beschleunigung in der Luft genau so viel Kraft — in Verneinung der hierüber bestehenden Theorien — als erforderlich ist, dessen ganzes Gewicht direct vom Boden zu erheben und schwebend zu erhalten.

Der Grund, warum dies geschieht, wird in der Folge klar werden. Liegt aber der Schwerpunkt mehr hinten und ist der Vordertheil des Luftschiffes nicht dem auf dasselbe entfallenden Theil der Tragflächen gegenüber mehr belastet als der Hintertheil, so ist zudem noch jede Luftwelle im Stande, das Fahrzeug aus seiner Bahn zu werfen; die Schraubenaëroplane erfordert also nicht nur mehr Kraft, als herausgerechnet zu werden pflegt, sondern sie entbehrt auch der Stabilität.

Es ist daher geboten, das Augenmerk auf einen anderen, neuen Fortbewegungsmechanismus und motorischen Apparat zu richten.

Obwohl zunächstliegend, scheint doch das Schaufelrad bis jetzt noch Wenige dazu veranlafst zu haben, dasselbe mit einem Flugapparat in geeignete Verbindung zu bringen, den Gedanken constructiv auszuarbeiten und die Wirkungsweise einer solchen Maschine in Erwägung zu ziehen.

Der Grund hierfür dürfte hauptsächlich in dem Umstande zu suchen sein, dafs es bis jetzt noch an einer zweckentsprechenden Schaufel- oder Segelradconstruction fehlte.

Die unter den Namen Oldham-, Cowan-Page-Räder etc. bekannten Systeme haben den die Anwendung derselben in der Flugtechnik ausschliefsenden Fehler, dafs die Drehung der Schaufeln, um solche beim Vorlauf des Rades mit der Kante voran durch die Luft zu führen, damit letzterer während dieser Phase der Rotation keine Widerstandsfläche geboten ist, zu plötzlich erfolgt, so dafs, da solche Schaufelräder, sofern es sich um Flug handelt, sehr schnell rotiren und an ihrer Peripherie eine Geschwindigkeit von mindestens 40 Metern pro Secunde haben müssen, jene Drehung der Schaufeln in weniger als $^1/_{40}$ Secunde stattzufinden hätte.

Es leuchtet ein, dafs in solchem Falle fast die Hälfte der Kraft des Motors durch das Drehen der Schaufeln nutzlos absorbirt würde und für die Flugarbeit verloren wäre.

Nimmt man nun diesen Uebelstand als gehoben an und verfolgt man die Wirkung von richtig wirkenden und richtig angeordneten Schaufelrädern im Verein mit einer Aëroplane, so eröffnen sich nicht nur in Bezug auf die Anwendbarkeit derselben an und für sich die günstigsten Aussichten, sondern es erscheint auch, wie sich in der Folge zeigen wird, mit der Adoption des Schaufelrades zu Flugzwecken das zuletzt erörterte Haupthemmnifs gegen eine erspriefsliche Entwickelung dynamischer Luftschifffahrt, die Schwierigkeit der Steuerung in der Längsrichtung, in einfacher, dem Vorgang in der Natur entsprechender Weise hinweggeräumt.

Die Hauptaufgabe des Flugtechnikers mufs also in erster Linie die Construction eines richtig functionirenden Schaufel- oder Segelrades sein.

Wie in den beiliegenden Zeichnungen (Fig. 1 und 2 Detailfiguren des Schaufelrades) ersichtlich, ist auf beiden Seiten der Achse *a*, der Breite des Rades entsprechend weit aus einander gerückt, je eine mit einer flantschenartigen Scheibe *b* versehene Hülse *c* aufgekeilt.

An den Scheiben *b* sind die aus flachgedrückten, konisch verlaufenden Stahlröhren oder dergleichen bestehenden Radspeichen *d* angeordnet, in deren unter sich steif verbundenen äufseren Enden mit Segeltuch oder dergleichen *j* überspannte Rahmen e^1 mittelst ihrer Achsen *e* drehbar gelagert sind.

Während die Schaufelachsen *e* an ihrem einen Ende mit der betreffenden Speiche *d* durch Stellringe ihren Abschlufs finden, ist an deren anderen Enden, aufserhalb des Speichenkranzes, je ein kleines konisches Zahnrad *f* angebracht, welches von dem genau halb so grofsen Zahnrad *g* seinen Antrieb erhält.

Diese Zahnräder *g* sind auf dünnen, längs der Radspeichen in Kugellagern *h* geführten Stahlröhren *i* befestigt, welch letztere aufserdem, an beiden Enden mit körnerartigen Spitzen versehen, zwischen mit Stellschrauben versehenen Nasenbolzen *k* laufen.

Am inneren Ende dieser Stahlröhren *i* ist je ein kurzer Schraubengang *l* angebracht, in deren Windungen die auf der Radachse lose sitzende Schneckenscheibe *m* (Fig. 3 Detail) derart eingreift, dafs bei einer gedachten Umdrehung dieser letzteren auch die Schraubengänge *l* (die Steigung beider Theile geht in der Richtung der Rotation des Rades) je eine Tour machen.

Die Schneckenscheibe *m* hat bei *n* einen Schlitz und ist mit dem Lager *o* der Radachse mittelst des Zapfens *p* so verbunden, dafs sie der Länge des Schlitzes entsprechend auf der Achse gedreht werden kann.

Bei der Montirung des Schaufelrades ist darauf zu achten, dafs, während die zu oberst befindliche Schaufel horizontal und die unterste vertical steht (Fig. 1), die anderen in eine derartige Stellung gebracht werden, dafs sie bei der Drehung des Rades, wenn sie den Scheitel- oder Tiefpunkt erreicht haben, ebenfalls horizontal bezw. vertical zu stehen kommen.

Bei einer vollen Umdrehung des Rades machen also die Schaufeln $e\,e^1 j$ dadurch, dafs die an den Stangen *i* angebrachten Schraubengewinde *l* an dem steigenden Gang der Schneckenscheibe *m* hingleiten und infolge des Umstandes, dafs die am äufseren Ende der Stangen *i* befindlichen kleinen Zahnräder *g* nur halb so grofs sind als die durch sie angetriebenen Zahnräder *f* der Schaufelachsen *e*, je eine halbe Tour, und zwar in der der Bewegungsrichtung des Rades entgegengesetzten Richtung (Fig. 1 Pfeilrichtung).

Dafs die auf die untere Hälfte des Rades entfallenden Stellungen der Schaufeln dem bezweckten Vortrieb günstig (diejenige der auf der Höhe der Achse befindlichen, sich in aufsteigender Richtung bewegenden nicht ausgeschlossen), liegt auf der Hand, ebenso dafs die Horizontalstellung der zu oberst kommenden Schaufeln keinen Nachtheil in sich schliefst.

Aber auch die Stellungen der oberen und vorderen, bei der Rotation des Rades abwärtsgehenden Schaufeln, ebenso wie diejenigen der dem Scheitelpunkt sich wieder nähernden, enthalten kein wesentlich ungünstiges Moment, da der Luftdruck gegen dieselben bei den betreffenden Bewegungsphasen, angesichts des Neigungswinkels zur Bewegungsrichtung, nur ein geringer sein kann und die Schaufelstellungen überhaupt, je mehr sie sich vom Scheitel- und Tiefpunkt entfernen, nur den den betreffenden Bewegungsrichtungen angepafsten Stellungen von Schraubenflügeln entsprechen.

Die Schneckenscheibe und die Schraubengewinde haben diese Drehung eigentlich weniger herbeizuführen, weniger eine Kraft zu diesem Behufe nach den Schaufelachsen zu leiten, sondern es wird eher im umgekehrten Verhältnifs nur die vorhandene Neigung der Schaufeln, sich in der der Rotationsrichtung des Rades entgegengesetzten Richtung um ihre Achse zu drehen, durch fraglichen Mechanismus zweckentsprechend geregelt.

Von besonderem Vortheil ist der Umstand, dafs die beim Fluge gegen den Körper, an dem solche Schaufelräder rotiren, anströmende Luft durch die Abwärtsbewegung der Schaufeln angesaugt, von ihrer Richtung abgelenkt und dadurch die Widerstandsfähigkeit derselben gegen die Bewegung und Beschleunigung des betreffenden Fahrzeuges auf ein Minimum reducirt wird.

In den Zeichnungen (Fig. 4 Grundrifs, Fig. 5 Vorderansicht, Fig. 6 Seitenansicht) ist diese Schaufelradanordnung an einem eigens hierzu construirten Luftschiffe gezeigt.

Rechts und links am Vordertheile eines äufserst schlanken, vierkantigen, mehr hohen als breiten, vorn spitz und hinten flach verlaufenden Gehäuses *G* ist je eines der vorbeschriebenen Schaufelräder *R* auf der das Gehäuse durchquerenden und der Breite der Räder entsprechend weit über dasselbe hinausragenden Kurbelachse *a*, auf welche der Motor *M* direct wirkt, angebracht.

Die Schneckenscheiben *m* der Schaufelräder sind aufserhalb des Gehäuses, mittelst der Zapfen *p* und Schlitze *n* um ca. $^1/_8$ Tour verstellbar, mit den Aufsenlagern oder der Kurbelachse *a* verbunden; wenn die Zapfen *p* in der Mitte der Schlitze *n* sind, müssen die obersten Schaufeln genau horizontal stehen (Fig. 1), so dafs die Schneckenscheiben durch den Führer des Fahrzeuges mittelst einer Hebelvorrichtung je um etwa $^1/_{16}$ Tour vor- und zurückgedreht werden können und dadurch der mit der Horizontalstellung der Schaufeln zusammenfallende Punkt der Peripherie der Räder entsprechend vor- und zurückverlegt werden kann.

Ueber und hinter den Schaufelrädern befindet sich je ein dem Gewichte des Ganzen entsprechend grofser, nach oben leicht gewölbter Flügel *L* (da das Ausweichen der Luft bei dem Niederdruck grofser Flächen naturgemäfs nicht so rasch erfolgen kann wie bei kleinen, so wächst auch die Tragfähigkeit der Flügel mehr als proportional ihrer Vergröfserung; mangels genauer Erfahrungsdaten zur Bestimmung der erforderlichen Flächenmafse der Flügel ist für das vorliegende Luftschiff das wahrscheinlich zu niedrig gegriffene Verhältnifs von 10 kg Gewicht auf 1 qm Tragfläche bei einem Gesammtgewicht des Fahrzeuges von ca. 800 kg angenommen), während am hinteren Ende ein vogelschwanzartiges, vor- und zurückschiebbares, nach oben sowie nach rechts und links drehbares Steuersegel *S* und darunter ein ebensolches *E*, vertical stehend behufs Aenderungen in der Bewegungsrichtung, angebracht sind.

Eine weitere Steuerungsmöglichkeit ist durch die Verstellbarkeit der Schneckenscheiben *m* an den Schaufelrädern geboten, worauf später zurückgekommen wird.

B ist ein einfaches Stahl- oder Bambusrohr, welches im Ruhestand des Fahrzeuges die Flügel mittelst gezogener Drähte hält, während der Fahrt aber eingezogen werden kann.

Die Flügel sind mit einander durch die das Gehäuse *G* durchbohrenden und in Schlitzen *u* laufenden Stangen *v* verbunden; dieselben können durch den Luftdruck von unten nach oben gedrückt werden, wobei sie die im Innern des Gehäuses *G* zunächst vor den Schlitzen *u* angebrachten Federn u^1 (Fig. 7 Detail, Fig. 6 Seitenansicht) nach oben spannen und vordrücken.

Zur Fixirung der Stellung der Flügel *L* und behufs Sicherung derselben gegen Bruch sind am Vorderrande der beiden Tragflächen nach dem Ende einer die Spitze des Gehäuses *G* verlängernden Stange A, Fig. 6, Drähte gezogen; aufserdem sind zu dem gleichen Zwecke, unter Wahrung der Charakteristik des Vogelflügels, noch folgende Vorkehrungen getroffen.

Vor und hinter den Schaufelrädern sind bei D seitlich am Gehäuse, abwärts und nach aufsen gerichtet, zwei Paar flachgedrückte, mit den scharfen Kanten nach vorn stehende Stahlröhren D^1 vorgesehen, welche mittelst starker Stahldrähte sowohl unter sich, als auch mit der Spitze und dem hinteren Untertheil des Gehäuses G verbunden sind.

Von den Punkten P der die vorderen mit den hinteren Stahlröhrenpaaren verbindenden Drähte gehen schwächere Drähte nach der Unterseite der Flügel L, Fig. 4, 5 und 6. Bei den nach den hinteren Tragstangen derselben abzweigenden Drähten können (sofern die Elasticität des Materials nicht genügen sollte, das Hinaufdrücken der Flügel durch den Luftdruck von unten bis zu einem gewissen Grade zuzulassen) entsprechend starke Spiralfedern zwischengeschaltet werden.

Denkt man sich nun den ganzen Apparat freischwebend bezw. in horizontaler Lage niedersinkend, so erfahren die Flügel L in ihrer ganzen Fläche einen Druck der Luft von unten nach oben, der nicht nur das Fallen des Körpers verzögert, sondern, nach Angabe des Erfinders, infolge der Lage des Sammelpunktes P der Unterstützungsdrähte, des Schwerpunktes des Ganzen (letzterer befindet sich bei Q, Fig. 6, also vor dem Mittel der Tragflächen), und indem durch den Druck der Luft von unten (hierbei die Federn u^1 vor den Verbindungsstangen v der Flügel L spannend) diese auch vorwärts wirkt, auch veranlafst, dafs die an und für sich sehr scharfkantigen Flügel den (ihrer Bewegung in der Horizontalen) entgegenstehenden Luftwiderstand selbst überwinden und auch ihrerseits zur Fortbewegung des Fahrzeuges beitragen.

Der Vorgang wird am besten klar, wenn man sich einen offenen Regenschirm mit excentrisch angebrachtem Stock rasch abwärts bewegt denkt. Der Schirm wird sich dann immer in der Richtung vom Centrum nach dem Stocke seitwärts neigen.

Dafs dieser Druck der Flügel nach vorn, wenn der Schwerpunkt Q, Fig. 6, des Fahrzeuges sich hinter dem Mittel der Tragflächen befindet, nicht stattfinden kann, sondern das Gegentheil eintritt, liegt auf der Hand, und liegt auch hierin die Erklärung, warum die bisherige theoretische Krafterfordernifsannahme für Schraubenaëroplanen hinter der Wirklichkeit so bedeutend zurückblieb.

Die von den arbeitenden Schaufeln (in Fig. 1 die drei untersten) der Räder R getroffene Luft wird nach hinten geworfen, und liegt es in der Hand des Führers des Fahrzeuges, dieselbe, je nachdem er die Schneckenscheiben m an ersteren dreht, sich mehr oder weniger an der Unterfläche der Flügel brechen zu lassen und dadurch den Luftdruck unter denselben nach Belieben zu verstärken oder abzuschwächen, was nicht nur, wenn einseitig ausgeführt, eine Steuerungsmöglichkeit nach rechts und links (eventuell auch, wenn gleichmäfsig erfolgend, in der Längsrichtung) in sich schliefst, sondern auch im Vereine mit einer Drehung der Schwanzfläche S nach rechts oder links behufs Regulirung von Störungen des Gleichgewichtes des Fahrzeuges durch etwa im Innern desselben stattfindenden Verkehr der Insassen von Werth sein wird.

Bei den obwaltenden Schwerpunktsverhältnissen, der ungleichmäfsigen Vertheilung von Gewicht und Tragflächen, würde ein solcher Apparat (der Motor unthätig gedacht) nicht, wie oben angenommen, in horizontaler Lage niedersinken, sondern sofort sich mit der Spitze nach unten neigen und in steiler Richtung der Gravitation folgen.

Durch die Wirkung der durch den Motor M getriebenen Schaufelräder R ist jedoch ein solch jäher Niedergang des Fahrzeuges ausgeschlossen; die Flugbahn wird sich vielmehr bedeutend verflachen, jedoch würde sie, in Anbetracht der erwähnten Verhältnisse bei normaler Stellung der Schneckenscheiben m, nie eine horizontale oder aufwärts zielende Richtung erlangen, wenn nicht neben der Möglichkeit der Veränderung der Wirkungsweise der Schaufelräder durch Drehung der Schneckenscheiben nach rückwärts (was aber ebenso wie ein Nachobendrehen des Schwanzes S, das auch die Bewegungsrichtung momentan nach oben dirigiren kann, eine Verminderung der Geschwindigkeit der Bewegung des Fahrzeuges verursacht) noch ein weiterer Factor bei dem vorwürfigen Flugmaschinensystem in Betracht käme.

Es ist dies die »Reactionskraft des Motors«, deren höchst wichtige Wirkung und Benutzung bis heute von allen Flugtechnikern übersehen zu sein scheint.

Diese Rotationskraft bezw. der Rückstofs des Motors ist im gegenwärtigen Falle bestrebt, den Apparat um die Achse der Schaufelräder nach hinten zu drehen, indem sie den Vordertheil des Fahrzeuges hebt und den Hintertheil niederdrückt.

Die unter den Flügeln und dem Schwanze (von welchen Flächen der gröfsere Theil sich bekanntlich hinter der Achse der Schaufelräder und hinter dem Schwerpunkt des Fahrzeuges befindet) vorhandene Luft drückt jedoch dagegen, da sie durch die von den Schaufelrädern nach hinten geworfenen Luftmassen verdichtet wird.

Dadurch nun, dafs die Achse der Schaufelräder bezw. der Punkt, an dem die rückwärts drehende Reactionskraft des Motors ansetzt, im Vordertheile des Gehäuses sich befindet, wird der Hebel von diesem Punkt bis zum Schwanzende sehr lang, und es erscheint absolut unmöglich, dafs der Apparat in eine nach hinten geneigte Lage kommen kann.

Während bei der vorgedachten Schiefabwärtsbewegung des Vehikels die jeweils unter den Flügeln befindliche und durch dieselben belastete, daher verdichtete Luft verhältnifsmäfsig leicht nach hinten ausweichen und sich dem auf ihr lastenden Druck entziehen kann, wird dies, nachdem die Reactionskraft des Motors hinzutritt und den Apparat in die Horizontale zwingt, sogar noch unter die letztere nach hinten neigen will, immer schwieriger, da die stattfindende Compression der Luft unter den Tragflächen immer intensiver, widerstands- und tragfähiger wird, so dafs bei normalem Gange (sobald das Fahrzeug aus seiner gedachten Abwärtsbewegung in die Horizontale gebracht ist) der Drehwirkung der Reactionskraft des Motors durch den Gegendruck der Luft ein Ziel gesetzt wird.

Die Regulirung der Stellung des Luftschiffes in der Längsrichtung kann also auf zweierlei Weise stattfinden, einmal durch Verlängerung oder Verkürzung der Schwanzfläche *S*, durch Vor- oder Zurückschieben derselben, durch fächerartiges Ausbreiten oder Uebereinanderschieben der einzelnen Theile, oder auch durch Veränderung der Stellung der Schaufeln der Treibräder *R*, indem die Schneckenscheiben *m* an letzteren entsprechend gedreht werden. In beiden Fällen bleibt aber der Schwerpunkt des Fahrzeuges, was die Hauptsache ist, stets vor dem Mittel der Tragflächen.

Durch die Reactionskraft des Motors empfängt der Hintertheil des Fahrzeuges und damit auch die hinteren Theile der Tragflächen, Flügel und Schwanz, einen Druck nach unten und werden dieselben infolge des durch die Wirkung der Schaufelräder erhöhten Gegendruckes der Luft und infolge der Elasticität des Materials und der constructiven Anordnungen, normal so ⁓ stehend, umgeformt, so dafs sie, von der Seite gesehen, sich etwa so ⁓ präsentiren. Es erinnert diese Wellenform sofort an die von oben betrachtete Gestalt eines in Vorwärtsbewegung befindlichen Fisches.

Durch den infolge der Bewegung des Fahrzeuges stattfindenden steten Wechsel der unter den Flügeln befindlichen und durch die von den Schaufelrädern zurückgeworfenen Luftmassen verdichteten Luftschichten tritt aber diese fischschwanzähnliche Umformung der elastischen und sowohl dem Angriffspunkt der Reactionskraft, wie auch dem Schwerpunkt excentrisch gegenüberstehenden Tragflächen in Permanenz und ergiebt sich hieraus, da die Luft sich nur nach hinten dem auf ihr lastenden Druck entziehen und ausweichen kann, eben jener oben erwähnte, unter Anwendung des Beispiels mit dem Regenschirm nachgewiesene Vortrieb durch die Flügel als die Wirkung der Reactionskraft des Motors.

Der übrige Theil dieser bedeutenden Kraft wirkt in der Richtung des Hubes, die zu leistende Schwebearbeit unterstützend.

Man könnte sonach im vorliegenden Falle und in Anbetracht der verwandten Beziehungen von Fisch und Vogel die ganze Tragflächenanordnung gewissermafsen als einen von der Kurbelwelle des Motors aus permanent in der effectreichsten Phase des Niederschlages befindlichen doppelten Vogelflügel betrachten, wobei an Stelle der Bewegung des Flügels die darunter befindliche (durch die infolge der Rotation der Schaufelräder nach hinten geworfenen Luftmassen) verdichtete Luft bewegt erscheint.

Die Reactionskraft des Motors im Vereine mit der durch Rotation der Schaufelräder nach hinten geworfenen Luft wirkt in diesem Falle hebend mit einer Componente nach vorn.

Die vortreibenden Kräfte greifen somit bei der vorliegenden Construction einer Flugmaschine sowohl am unteren, wie auch am Obertheile des Rumpfes derselben an und erscheinen solcherart die Flügel des Apparates als unterscheidendes Merkmal gegenüber den bekannten Aëroplanen nicht nur als Tragflächen, sondern auch, wie beim ohne Flügelschlag schwebenden Vogel, als Theile des motorischen Apparates des Fahrzeuges.

Hierdurch erst findet die bisher noch immer ungenügende Erklärung des Schwebefluges der grofsen Vögel ihre Vervollständigung.

Wie bei jedem auf dem Wasser schwimmenden Schiffe mufs natürlich auch bei einem Luftschiff schon beim Beladen desselben auf eine dessen Verhältnissen entsprechende Vertheilung des mitzuführenden Gewichtes Rücksicht genommen werden; die genaue Einstellung des Gefährtes in die horizontale bezw. in eine um 1 bis 2 Grade nach hinten geneigte Position wird jedoch immer erst im Moment nach dem Beginn des Fluges stattfinden können, und zwar zunächst nicht durch Verstellung der Schneckenscheiben an den Schaufelrädern, da ein solcher Akt, wie bereits bemerkt, immer eine, wenn auch geringfügige Verminderung des Beschleunigungsvermögens der letzteren involvirt, sondern durch entsprechende Verlängerung oder Verkürzung der Tragflächen, indem der Schwanz entweder zurück- oder vorgeschoben, oder auch, wenn aus mehreren Flächen bestehend, ausgebreitet oder verschmälert wird.

Das Arrangement des Luftschiffes erlaubt also, dasselbe auf mehrfache Weise stets leicht und mit minutiöser Genauigkeit in jede beliebige Stellung zu bringen, der Schwerpunkt Q des Ganzen bleibt aber stets im Vordertheile desselben.

Zur Vermittelung des Contactes der Flugmaschine mit dem festen Boden ist dieselbe auf Rädern oder Rollen montirt, welche an einem wohl am besten ebenfalls aus flachgedrückten Stahlröhren bestehenden Gestell angebracht sind.

Die Vordertheile x der Rollenständer laufen in Scharnieren, während die Hintertheile derselben eine kurze, einfach gezahnte Fortsetzung im Innern des Gehäuses G haben, dazu dienend, die Stellung der Ständer bei der Fahrt am Boden zu fixiren, eventuell sie nach Beginn des Fluges zur Vermeidung schädlichen Luftwiderstandes einzuziehen.

Die Abfahrt des Luftschiffes erfolgt von einer schiefen Ebene aus.

Da zur Beschleunigung der Schiefabwärtsbewegung, wobei die Flügel eine leicht nach vorn geneigte Stellung haben, sowohl das Gewicht des Apparates, als auch der Motor (während der Bewegung am festen Boden kommt die Wirkung der Reactionskraft des letzteren nicht zur Nutzleistung) und aufserdem noch die Flügel (da die Bewegung abwärts geht) beitragen, so ist eine solche Geschwindigkeit in wenig Secunden erreicht, und kann daher die schiefe Ebene der Abfahrtsstation verhältnifsmäfsig kurz sein.

Bei der Landung werden zunächst die Rollenständer aus dem Rumpfe des Fahrzeuges niedergelassen und dann die Schneckenscheiben m der Schaufelräder R nach hinten gedreht, so dafs letztere weniger beschleunigend, sondern mehr in der Richtung von Hub wirken. Das Ganze kommt dadurch in eine stark nach hinten geneigte Lage, verliert seine Geschwindigkeit und geht allmälig in solcher Stellung zu Boden.

Sollte aber doch einmal der ganze motorische Apparat während der Fahrt aufser Function treten, so ist es die Aufgabe des Führers, das Fahrzeug schnellmöglichst in einen Fallschirm zu verwandeln, und zwar ist dies dadurch herbeizuführen, dafs ein Theil des mobilen Gewichtsinhaltes desselben nach hinten verlegt wird, was sehr einfach und eventuell sogar automatisch functionirend bewirkt werden kann.

Den alsdann erfolgenden Niedergang des Vehikels ist der Führer in der Lage, durch entsprechende Manöver mit der Schwanzfläche zu dirigiren.

Die Vortheile des vorstehend erläuterten, von den bisher als richtig erachteten flugtechnischen Principien stark abweichenden Flugmaschinensystems bestehen in:

1. Nahezu vollkommener Ausnutzung der motorischen Kraft; man könnte sagen, dafs, nachdem die eine sehr hohe Temperatur besitzenden Explosionsgase des Petroleummotors sich unterhalb der Tragflächen mit der unter letzteren befindlichen Luft vermengen und ihre Wärme dieser mittheilen, was eine Vermehrung der Tragfähigkeit der Luft involvirt, ja selbst auch der Wärmegehalt der durch die Explosionen erhitzten Cylinder des Motors dadurch, dafs das hiervon erwärmte Kühlwasser durch Niedersickern hinter den dünnen, eventuell aus Aluminium bestehenden Seitenwänden des Gehäuses wieder abgekühlt und solcherart seine Wärme an die Luft unter den Flügeln abzugeben gezwungen wird, in letzterem Sinne ausgenutzt werden kann und somit (vielleicht läfst sich auch die Wasserkühlung durch Luftkühlung ersetzen, indem die Cylinder des Motors dadurch frei gelagert werden, dafs der Boden des Gehäuses über dieselben weggeführt wird und solche dem an dieser Stelle stattfindenden äufserst starken Luftzuge ausgesetzt werden) fast die ganze bei den Explosionen des Gasgemisches im Motor erzeugte Wärme theils in hebende, theils in vortreibende Kraft umgesetzt wird.

   Bei der Adoption von Dampfmaschinen, statt Petroleummotor, was keineswegs ausgeschlossen ist, könnte sowohl der Abdampf als auch die Verbrennungsgase des Heizmaterials motorisch ausgenutzt werden.

2. Kleinste Stirnwiderstandsflächen gegenüber grofsen Vortreibflächen des motorischen Apparates.
3. Geringe Empfindlichkeit des letzteren gegen seitliche Luftströmungen und Luftwellen.
4. Nutzleistung der Flügel nicht nur als Tragflächen, sondern auch zur Fortbewegung des Fahrzeuges.
5. Stabilität der Stellung des Luftschiffes.
6. Regulirbarkeit von eventuell während der Fahrt durch Verkehr im Innern stattfindende Gleichgewichtsstörungen.
7. Doppelte Steuerungsmöglichkeit nach allen Richtungen.
8. Möglichkeit der Beibehaltung des Schwerpunktes im Vordertheil des Fahrzeuges während aller Phasen der Bewegung desselben.
9. Zulässigkeit der Benutzung verhältnifsmäfsig kurzer und breiter, statt schmaler und langer Flügel, daher
10. Möglichkeit der Ausführung des Flugmaschinensystems selbst in den gröfsten Dimensionen.

Patent-Ansprüche:

1. Ein Flugapparat, dessen Fortbewegung einestheils durch zwei rechts und links des

Vordertheiles des Fahrzeuges auf einer dasselbe durchquerenden Kurbelwelle montirten Schaufel- oder Segelrädern *(R)*, zwischen welchen der Motor gelagert ist, erfolgt, so dafs letzterer direct (ohne Uebersetzung) auf die ihm und den Schaufelrädern gemeinschaftliche Achse und Kurbelwelle wirkt, wobei die Reactionskraft des Motors nicht aufgehoben wird, vielmehr im Verein mit der Wirkung der Schaufelräder, welche die unterhalb der beiden seitlich angebrachten Flügel des Fahrzeuges befindliche Luft verdichtet und tragfähiger macht, ungeachtet der im Vordertheil desselben und vor dem Mittel der Tragflächen befindlichen Schwerpunktslage nicht nur die Horizontalstellung des Fahrzeuges herbeizuführen ermöglicht, sondern auch zur Fortbewegung desselben dienstbar gemacht ist, indem infolge dieser eigenartigen Schwerpunktslage und dadurch, dafs die Flügel federnd gelagert und von einem mit der Achse des Motors und der Schaufelräder zusammenfallenden Punkt *(P)* aus verspannt sind, die Flügel durch den Luftdruck von unten hoch- und vorgedrückt werden.

2. Bei dem unter 1. gekennzeichneten Flugapparat die Anordnung von zum Zwecke der Steuerung verstellbaren Schneckenscheiben *(m)*, welche die Drehung der Schaufeln *(e j)* der Schaufelräder *(R)* durch Eingreifen in die mit Zahngetrieben versehenen Schraubenwellen derart bewirken, das dieselben bei einer Umdrehung der Schaufelräder je eine halbe Tour in der der Rotationsrichtung der letzteren entgegengesetzten Richtung zurücklegen.

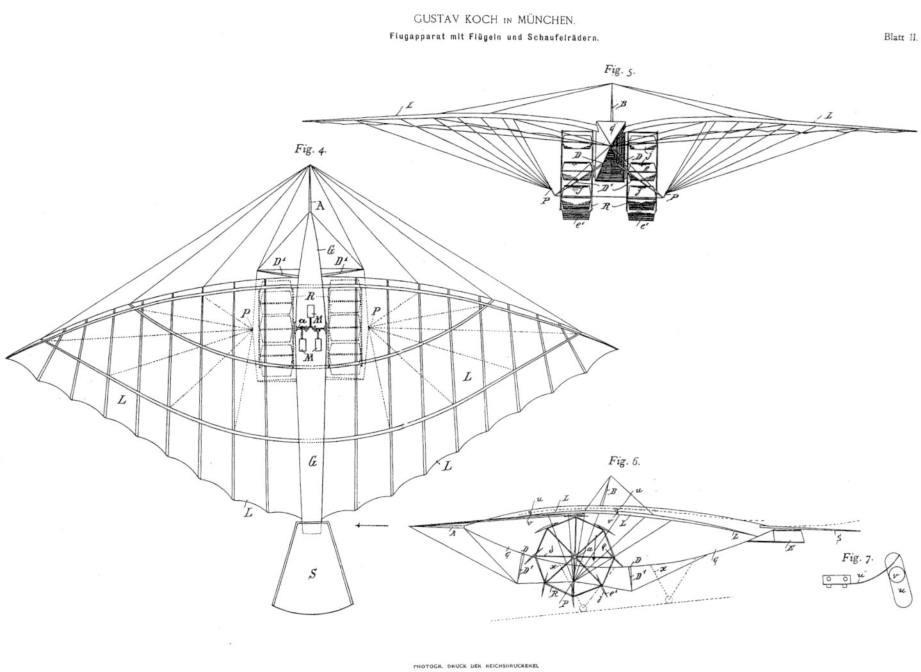

Literatur

Jean Louis, Ludwig II. und die Technik, Katalog, München 1986

Die Eroberung der Luft, Handbuch der Luftschiffahrt und Flugtechnik, Union Deutsche Verlagsgesellschaft, Stuttgart 1909

Paul Wider, Menschen und Ballone, Bechtle Verlag, Esslingen 1993

Wolfgang Behringer/Constance Ott-Koptschalijski, Der Traum vom Fliegen, S. Fischer Verlag 1991

Leichter als Luft, Zur Geschichte der Ballonfahrt, Katalog

Walter Ackermann, Bayern geht in die Luft, Unser Bayern Nr. 8, 1991

Jean Louis, Julia Iliu, Keine lachendere und schönere Aussicht, Frühe Flugversuche und Ballonfahrten in Bayern und München, Kultur & Technik, Heft 2, 1991

Jean Louis, Mit einem Pfauenwagen über den Alpsee fliegen, Charivari No 7/8, 1991

Felix R. Paturi, Chronik der Technik, Chronik Verlag, Harenberg 1988

Der Schneider von Ulm, Fiktion und Wirklichkeit, Katalog, 1986

Deutsches Museum München, Nachlaß Gustav Koch

Deutsches Patentamt München, Patente Gustav Koch

Werner Schwipps, Alois Wolfmüller – Erfinder und Flugtechniker, Aviatic Verlag, Oberhaching 1991

Peter Pletschacher, Die Königlich Bayerischen Fliegertruppen, Aviatic Verlag, Oberhaching 1992

Bildnachweis

Schutzumschlag

Porträts Ludwig II.:	Sammlung Jean Louis, München
Figur Ludwig II.:	Foto Marcus Spangenberg, Bonn
Medaille:	Sammlung Jean Louis, München
Dokument:	Bayerisches Hauptstaatsarchiv, Abt. Geh. Hausarchiv.

Inhalt

Archiv Kloster Ettal:	30
Archiv der Ballonsportgruppe Stuttgart	7 Mitte
Archiv der Firma Feßler, Prien:	74 unten
Archiv der Firma Wacker, Burghausen:	67 unten rechts
Archiv Wolfgang Franz, München:	72
Bayerisches Hauptstaatsarchiv,	
Abt. Geheimes Hausarchiv:	7 oben, 13, 20 unten links, 22
Abt. IV, Kriegsarchiv:	73, 74 oben
Bayerische Staatsbibliothek:	55 oben links, 62 oben
Bildarchiv des Deutschen Museums, München:	7 unten, 17, 24, 29, 31, 34, 40, 46, 47, 48, 54, 58 oben, 59, 65 unten, 68 oben, 79
Kunstsammlung der Veste Coburg:	33
Marcus Spangenberg:	9
Sammlung Alfons Schertl, Augsburg:	36
Sammlung Jean Louis, München:	6, 10, 11, 12, 14, 15, 16, 18, 19, 20 oben und rechts unten, 21, 23, 25, 26, 27, 35 rechts unten, 48, 49, 50, 51, 52, 53, 55 oben rechts und unten, 56, 57, 58 unten, 62 unten, 63 oben, 64 unten, 65 oben, 67 oben, 68 unten, 70, 71 unten links, 75, 78
Sammlung Julia Iliu, München:	35 links, 39 rechts, 42, 67 unten links
Sammlung Schedel, München:	39
Sammlung Stehle, München:	22, 66, 71 oben
Sammlung Werner Schwipps:	63 unten, 64 oben
Stadtarchiv	27
Werftverein Oberschleißheim:	71

Dokumente im Anhang

Luftschiffer und lenkbarer Ballon:	Sammlung Jean Louis, München
Projekt Pater Ulrich Schiegg:	Archiv des Klosters Ottobeuren
Projekt Ludwig II.:	Bayerisches Hauptstaatsarchiv, Abt. Geheimes Hausarchiv
Unterlagen und Berechnungen Gustav Koch:	Koch-Nachlaß im Deutschen Museum, München
Patent Gustav Koch:	Deutsches Patentamt, München

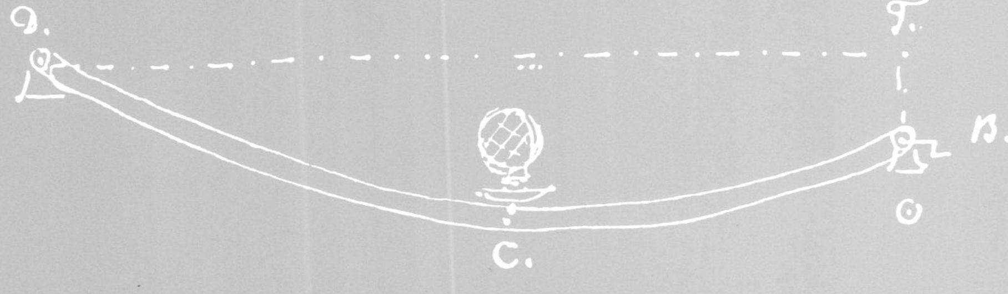

a.
T.
B.
C.